25
सुपर ब्रांड्स

adidas

Coca-Cola

Microsoft

FEVICOL

Dettol

i'm lovin' it

Colgate

Cadbury

Google

Johnson & Johnson

NIRMA

NIVEA

Bata

25
सुपर ब्रांड्स

प्रकाश बियाणी
कमलेश माहेश्वरी

प्रभात प्रकाशन

प्रकाशक

प्रभात प्रकाशन प्रा. लि.

4/19 आसफ अली रोड, नई दिल्ली–110002

फोन : 011–23289777 • हेल्पलाइन नं. : 7827007777

इ–मेल : prabhatbooks@gmail.com ❖ वेब ठिकाना : www.prabhatbooks.com

संस्करण

2025

पेपरबैक मूल्य

चार सौ पचास रुपए

मुद्रक

आर–टेक ऑफसेट प्रिंटर्स, दिल्ली

———— ★ ————

25 SUPER BRANDS

by Prakash Biyani & Kamlesh Maheshwari

Published by **PRABHAT PRAKASHAN PVT. LTD.**

4/19 Asaf Ali Road, New Delhi-110002

ISBN 978-81-7315-880-3

₹ 450.00 (PB)

ब्रांड जिंदा रहते हैं, मरते हैं तो केवल बुरे मैनेजर

'कई साल पुरानी बात है। एक छोटे से गाँव में रहने वाले किसान मंगलू को उसकी पत्नी ने आज फिर से डपटा कि वह गाँव की एकमात्र परचून की दुकान से 'सर्फ' लेकर नहीं आया। यह उसके झिड़की खाने का लगातार तीसरा दिन था। आखिरकार, खेत से अभी-अभी थके लौटे मंगलू ने हिम्मत की और बिना आलस किए तुरंत दुकान पर जा पहुँचा और दुकानदार से बोला, आधा किलो 'सर्फ' दे दो। दुकानदार ने जो माँगा था, मंगलू को दे दिया। मंगलू भाई घर पहुँचे, पसीना पोंछते-पोंछते पत्नी को सर्फ हाथों में देते हुए बोले, अब तो खुश हो न, 30 रुपए खर्च हो गए तुम्हारे सर्फ के पीछे। पत्नी ने थैली देखी, आगे-पीछे पलटा और फिर से उबल पड़ी—ये क्या उठा लाए, मैंने तुमसे 'पीला सर्फ' मँगाया था, तुम ये 'नीला' क्यों उठा लाए और रुपए भी दोगुने देकर आए हो। जाओ, इसे वापस करके आओ और 'पीला' लेकर आओ।

मंगलू हैरान-परेशान, सर्फ मँगाया, सर्फ लाया, फिर भी डाँट पड़ रही थी। बहरहाल, फिर से दुकान पर पहुँचे, अपनी भड़ास दुकानवाले पर निकालते हुए गुस्से से बोले, तुमने गलत पाउडर दिया, इसे वापस लेकर 'पीला सर्फ' दो और बाकी रुपए भी। अब बारी दुकानवाले की थी। उसने कहा, मंगलू भाई,

तुमने जो माँगा, वही तो दिया, बेकार में भड़क क्यों रहे हो ? नीला नहीं चाहिए तो 'पीला पाउडर' ले लो, लेकिन बताए देता हूँ, मैंने अपनी दुकान में कभी 'पीला सर्फ' नहीं बेचा, क्योंकि 'सर्फ' पीला होता ही नहीं, वह तो नीला ही होता है। मंगलू बेचारा फिर से उलझन में पड़ गया। उसने कहा, ठीक है, जो सर्फ पीला हो, वही दे दो। दुकानदार ने दे दिया और बाकी बचे रुपए भी लौटा दिए। घर पहुँचे तो बीवी दरवाजे पर ही मिली, मंगलू के हाथ में अपनी जानी-पहचानी निरमा की थैली देख तुरंत बोली—हाँ, यही 'सर्फ' तो मँगाया था, तुम जाने क्या महँगा वाला नीला पाउडर उठा लाए थे। चकराए और परेशान मंगलू ने भगवान को याद करते हुए कहा—भागवान, अगली बार से 'पीला सर्फ' तुम्हीं लेने जाना!

बहरहाल, इस नीले और पीले की सिर चकरा देने वाली कहानी का सार है एक ब्रांड के वाशिंग पाउडर के प्रति वह मोह, जिसे समझदारों की भाषा में 'ब्रांड लॉयल्टी' कहते हैं। यह वाकया एक छोटे से गाँव में हुआ, लेकिन एक ब्रांड के प्रति एक असली ग्राहक की वह असली भावनात्मक प्रतिक्रिया दिखाता है, जिसके पीछे उस ब्रांड की पोषक कंपनी का सबकुछ दाँव पर लगा होता है।

हम भारतीय दिमाग से नहीं, बल्कि दिल से सोचते हैं। इसलिए हिंदुस्तानी और बहुराष्ट्रीय कंपनियों को लोगों को लुभाने के लिए दिमाग की जगह, दिल पर जोर देना पड़ता है। लुभाने की इसी रणनीति को 'ब्रांडिंग' कहते हैं, जो सीधे तौर पर जुड़ी होती है किसी भी ब्रांड की अच्छाइयों के साथ।

मशहूर 'फेयर ऐंड लवली' ब्रांड को इस बात से शक्ति मिलती है कि उसका विज्ञापन भारतीयों की गोरा दिखने की जोरदार इच्छा पर आधारित है। 'सुंदरता मतलब गोरा रंग' की सोच भारतीय मनोविज्ञान में इस तरह बसी हुई है कि एक ब्रांड, जो गोरा बनाने का वादा करता है, वह औसत भारतीय का प्रिय बन जाता है। इसी तरह रिश्तों को समझाते हुए मजबूत जोड़ का फंडा फेवीकॉल को भारतीयों के दिलों में हमेशा के लिए उतार देता है। भारत में इसी इमोशनल फॉर्मूले को तमाम देशी-विदेशी कंपनियों और उनके ब्रांडिंग मैनेजरों ने अपनाया और सफलता पाई।

अहसास अच्छे ब्रांड का

अगर आपको कुछ अलग सोचना है तो इसके लिए अच्छे ब्रांड का अहसास आपको मदद पहुँचा सकता है। अमेरिका की मशहूर ऑनलाइन पत्रिका 'साइंस डेली' में छपी रिपोर्ट के मुताबिक ड्यूक और वाटरलू विश्वविद्यालयों के शोधकर्ताओं ने निष्कर्ष देते हुए बताया है कि अच्छे ब्रांड कुछ नया कर गुजरने की तमन्ना जगाते हैं। जरनल ऑफ कंज्यूमर रिसर्च अंक में छपने वाले इस अध्ययन में बताया गया है कि नामी-गिरामी ब्रांडों के इस्तेमाल से उपभोक्ताओं पर गहरी छाप पड़ती है। शोधकर्ता तान्या चार्टड ने कहा कि यह उपभोक्ताओं में सक्रियता जगाता है और कुछ नया कर गुजरने की प्रेरणा मिलती है।

शोध-सर्वेक्षणों का भी यही कहना है कि उत्पाद कैसा है, इसका केवल सात फीसदी ग्राहकों पर असर पड़ता है। 40 फीसदी असर तो लोगों की राय और बाकी 53 फीसदी असर लोगों का हावभाव होता है, जो किसी भी ब्रांड को मिली सकारात्मक या नकारात्मक प्रतिक्रिया कही जा सकती है। किसी ब्रांड को बनाने या बिगाड़ देने में यही फंडा काम करता है। कैसे एक उत्पाद की कहानी लोगों तक पहुँचती है, यह उस ब्रांड के बारे में काफी कुछ बताता है।

आज दुनिया में जहाँ करोड़ों वेबसाइट्स, हजारों टी.वी., एफ चैनल, मशहूर पत्रिकाएँ और अखबार मौजूद हैं, ब्रांड की कहानी लोगों तक जिस माध्यम से पहुँचती है, भावनाएँ उसी तरह पैदा होती हैं। ब्रांड के आस-पास कहानियों और उनको बताने का तरीका खासतौर पर ऐसा रखा जाता है कि वे लोगों को जल्दी-से-जल्दी लुभा सकें! वे जज्बातों को पैदा करते हैं और फिर वे भावनाएँ हमेशा के लिए ब्रांड के साथ जुड़ जाती हैं। खुद को अलग दिखाने के लिए दिल और दिमाग दोनों का इस्तेमाल किया जाता है।

सच्चे रिश्ते जैसा सफल ब्रांड

ब्रांड सिर्फ एक वस्तु तक सीमित नहीं रहता, बल्कि अस्तित्व की अन्य वस्तुओं में अपना प्रसार कर लेता है। सर्फ ब्रांड की विशेषता है कि वह

'सिनर्जी' अथवा सहक्रिया पैदा करता है। वही उसके मुनाफे का स्रोत है। उद्योग में वर्चस्व ही सबकुछ नहीं होता, ब्रांड के लिए है कि वह अन्य क्षेत्र में भी प्रसार करे। मसलन, खेल से मनोरंजन अथवा स्कूल से संस्कृति की ओर प्रसार करे। ब्रांड का लक्ष्य होता है उपभोक्ता की इच्छाओं के साथ गहराई से जुड़ जाना और उन इच्छाओं को अपने अंदर उतार लेना। जब ब्रांड में जीवन-शैली को आरोपित कर दिया जाता है तो फिर वह ग्राहक को यह विश्वास दिलाने की कोशिश करता है कि तुम सारी जिंदगी इसमें रह सकते हो या इसके साथ रह सकते हो। यह लगभग एक अच्छे रिश्ते को निभाने जैसा है। रिश्तों की ही तरह ब्रांड निरंतर अपनी सीमाओं को निर्मित और पुनर्निर्मित करते रहते हैं। वे अपनी सीमाओं का विस्तार करते हैं और ज्यादा-से-ज्यादा जीवन-शैली अपने में समाहित करने की कोशिश करते हैं। जाहिर सी बात है कि अब बाजार में जंग वस्तु को बेचने के लिए नहीं बल्कि जीवन-शैली को बेचने के लिए होने लगी है।

ग्राहक यानी सबसे अंदर वाला छिलका

मशहूर कंपनी 'प्रॉक्टर ऐंड गैंबल' के सीईओ रहे एडविन आर्ट्ज ने एक बार कहा था—"किसी भी ब्रांड की ब्रांड वैल्यू एक प्याज के छिलकों की तरह होती है। इन छिलकों में उपयोगकर्ता या ग्राहक सबसे अंदर वाला छिलका होता है, जो तब तक ब्रांड से जुड़ा होता है, जब तक कि बाहर के सारे छिलके उतर न जाएँ।"

भारत में हम दिल पर ज्यादा जोर देते हैं, इसलिए किसी भी चीज की ब्रांडिंग एक अच्छा तरीका है लोगों को लुभाने का। सनलाइट से लेकर सर्फ तक और डालडा से स्वामी रामदेव तक के सफर में अब हम एक ऐसे मुकाम पर हैं, जहाँ यू.एस.पी. (Unique Selling Proposition) से आगे बढ़कर यू.एस.ई. (Unique Selling Emotions) पर जाना होगा। हिंदुस्तानियों को लुभाने के इसी कारगर तरीके को अमल में लाकर कई ब्रांड आज दिमागों को छोड़ हमारे दिलों में बस चुके हैं।

सही कहते हैं मशहूर पत्रकार जॉर्ज बुल—"अच्छी तरह से मैनेज किए हुए ब्रांड जिंदा रहते हैं, मरते हैं तो केवल बुरे मैनेजर!"

ऐसे ही 25 जिंदा ब्रांडों के जन्म और विकास को नई शैली में ढालकर व भरपूर जानकारियों को साथ लेकर बनाई गई यह पुस्तक आपके लिए उपयोगी बने, यही शुभेच्छा है।

वस्तु, कर्म और रिश्तों के साथ आपका भी ब्रांड-मोह बना रहे, इन्हीं शुभकामनाओं के साथ,

—कमलेश माहेश्वरी

maheshwari.kamlesh@gmail.com

भावनाओं को भड़काए, वही है सफल ब्रांड

'A brand name is just than a word. It is beginning of a conversation.'

—Lexicon (Brand Guru)

'ब्रांड नेम केवल एक शब्द नहीं है, यह संवाद की शुरुआत है।'

–लेक्सिकन (ब्रांड गुरु)

ब्रांड गुरु लेक्सीकॉन के इस कथन का आशय है कि उत्पादों की ब्रांडिंग में सजगता व सतर्कता पहली जरूरत है। हमारे देश में तो ब्रांड बिल्डिंग की यह अनिवार्य शर्त है, क्योंकि आज भी हम पश्चिमी उपभोक्ता की तरह ब्रांड नहीं खरीदते। हम तो ऐसे उत्पाद खरीदते हैं, जो हमारी भावनाओं को व्यक्त करे और इससे भी पहले हमें हमारे पैसे का पूरा मूल्य लौटाए। 'वैल्यू फॉर मनी' और 'वैल्युएशन ऑफ वैल्यूज' की भारतीय उपभोक्ताओं की आदत से हैरान-परेशान बहुराष्ट्रीय कंपनियाँ अकसर कहती हैं कि विचित्र हैं भारतीय। और उनसे भी ज्यादा विचित्र हैं भारतीय मार्केट, जहाँ निजी जिंदगी की तर्ज पर व्यापार-व्यवहार भी भावनाओं के आधार पर होता है। हम (पश्चिम के लोग) तो लिखित समझौते के आधार पर लेन-देन करते हैं, पर

भारतीयों के लिए 'जुबान' का महत्त्व अधिक है।

दिलचस्प बात यह है कि ब्रांड बिल्डिंग की भी वह हर कोशिश हमारे देश में सफल हुई है, जिसमें भावनाओं और भारतीय मूल्यों का ध्यान रखा गया। ध्यान दें कि 1930 के दशक में देश की 35 करोड़ आबादी के मन-मानस में आजादी की चाह उमड़ने लगी थी। टाटा समूह ने अपने भारतीय ग्राहकों की इस भावना को बखूबी समझा और सन् 1931 में 'हमाम' साबुन लॉञ्च किया तो उसकी ब्रांड बिल्डिंग जिस पंच लाइन से की, वह थी—भारत में भारतीय पूँजी और भारतीय उद्योग द्वारा निर्मित हमाम। इसी तरह कैमलिन के संस्थापक दिगंबर परशुराम दांडेकर ने उन्हीं दिनों अपने रसोईघर में पहली स्वदेशी स्याही बनाई तो उसका ब्रांडनेम खोजा—'कैमलिन' और अपने भारतीय ग्राहकों से कहा—मरुस्थल में ऊँट जिस तरह बिना पानी मीलों चल लेता है, वैसे ही बिना रीफिल किए कैमलिन से कई रिम कागज लिखे जा सकते हैं। कैमलिन के विज्ञापनों में भारतीयों की तत्कालीन मानसिकता जिन शब्दों में दोहराई गई थी, वह थी हम भारतीय भी वह सब कर सकते हैं, जो पश्चिम के लोग करते हैं। कैमलिन वापरे तथा भारतीय पूँजी विदेश जाने से बचाएँ।

सच यह है कि जो ब्रांड ग्राहकों के दिल को झकझोरते हैं, वे मार्केट में आसानी से अपनी जगह बना लेते हैं। इसका बेहतरीन उदाहरण है, 'अमूल' का वह शुरुआती विज्ञापन, जिसने अमूल को डेरी उद्योग का लीडर ब्रांड बनाया। इस विज्ञापन की पंच लाइन थी—बच्चों के लिए सबसे श्रेष्ठ है माँ का दूध, पर इसके बाद केवल अमूल मिल्क। 'लिरिल' ऐसी ही एक और दिलचस्प पहल से युवाओं की पसंद का ब्रांड बना है। लिरिल की ब्रांडिंग करने वाले विज्ञापन में झरने के नीचे बिकनी पहने एक युवती नहाते हुए दिखाई गई थी। हिंदुस्तान लीवर ने अपनी तत्कालीन विज्ञापन एजेंसी लिंटास को आगाह किया कि इतना खुला विज्ञापन भारतीय परिवार स्वीकार नहीं करेंगे और ब्रांड की बुनियाद ही गड़बड़ा जाएगी। लिंटास के एलिक पद्मसी ने उन्हें समझाया कि हमने इस विज्ञापन में युवा भारतीयों की दबी-छुपी चाह व्यक्त की है, जिसका निहितार्थ विज्ञापन जारी होने के बाद स्पष्ट होगा। विज्ञापन जारी हुआ, जिसने सोप मार्केट

में लिरिल को लक्जरी ब्रांड बना दिया। दिलचस्प बात यह है कि इस विज्ञापन के कारण लिरिल को महिलाओं से ज्यादा पुरुषों ने पसंद किया।

ब्रांड बिल्डिंग के ऐसे ही दिलचस्प प्रसंगों से प्रेरित इस पुस्तक में 25 राष्ट्रीय व अंतरराष्ट्रीय ब्रांडों की जन्म से युवा होने, बल्कि कहें कि चिर युवा होने की यशोगाथा सँजोई गई है। हमने प्रयास किया है कि मैनेजमेंट के छात्रों को ही नहीं, वरन् सामान्य पाठकों को भी पुस्तक रुचिकर लगे और वे जानें कि केवल एक नया सोच (आइडिया) उन्हें ऐसे ब्रांड का जनक बना सकता है, जो उन्हें शिखर पर पहुँचा दे। एक और खुलासा—हम इस पुस्तक के लेखक मात्र हैं और इसकी प्रेरणा हैं डीबी कॉर्प के मैनेजिंग डायरेक्टर सुधीर अग्रवाल। उनकी सलाह पर दिव्य भास्कर के फीचर संपादक मनीष मेहता ने साप्ताहिक फीचर 'कलश' में 'सक्सेस व स्ट्रेटजी' शीर्षक से जुलाई 2008 में एक स्तंभ शुरू किया और हमें इसका लेखन दायित्व सौंपा। हमें खुशी है कि गुजराती पाठकों ने इस स्तंभ में प्रकाशित ब्रांड्स की सक्सेस स्टोरीज को मुक्तकंठ से सराहा। पिछले तीन वर्षों में इस स्तंभ में प्रकाशित करीब 80 आलेखों में से चुनिंदा 25 ब्रांड स्टोरीज का संकलन है यह पुस्तक। जिन अन्य शुभेच्छु मित्रों ने हमेशा हमारा मनोबल बढ़ाया है, वे हैं—अशोक पाटनी (आर.के. मार्बल), प्रमोद फरक्या (विजिलेंस पब्लिसिटी), निशिथ शरण (यूरोपिया कंसल्टेंसी), अशोक गुप्ता (नेशनल इंडस्ट्रीज), पं. विजयशंकर मेहता (जीवन प्रबंधन समूह), रामप्रकाश शर्मा 'प्रभु' (ग्राम संस्कृति), गुरवीरसिंह चावला (कॉरपोरेट छत्तीसगढ़)। अपनी पुत्रियों अंशु व अंचल से मुझे दो दामाद पुत्र—मनीष भाटी व कमलेश माहेश्वरी की सौगात मिली है, जो मुझे चिंतामुक्त लेखन का सुअवसर प्रदान करते हैं। कमलेश माहेश्वरी तो मेरी सभी पुस्तकों के सहलेखक भी हैं। इस पुस्तक की प्रसव-पीड़ा में मेरी पत्नी सुनीता बियाणी के साथ भागीदार बने हैं मेरे दो सहयोगी मित्र—नरेंद्र मौर्य व नीलेश पाराशर।

—प्रकाश बियाणी

'सुरभि' 34, रविनगर (श्रीनगर), इंदौर (म.प्र.)
E-mail : prakashbiyani@yahoo.co.in

अनुक्रम

एडीडास

मोची के बेटों ने बनाया एडीडास

'भगवान् क्या है?'

देश की दूसरी सबसे बड़ी (पहली टाटा कंसल्टेंसी सर्विसेज) आईटी कंपनी इन्फोसिस टेक्नोलॉजिस के संस्थापक नारायण मूर्ति से एक पत्रकार ने जब यह सवाल पूछा तो वे बोले, 'हाँ है, पर भगवान् बड़े शरमीले हैं। अवसर के रूप में वे हमसे मिलते हैं।' फूट वियर्स व स्पोर्ट्स गुड्स के अंतरराष्ट्रीय ब्रांड एडीडास की कहानी नारायण मूर्ति के इस कथन की पुष्टि करती है। एडीडास न्यूरेंबर्ग (जर्मनी) के नजदीक स्थित एक छोटे से टाउन हरजोजेनोर्च में जनमा है। इसके जन्मदाता हैं एक साधारण मोची परिवार के दो युवक।

Adidas clothing and shoe logo designs typically feature three parallel stripes, and this same motif is incorporated into Adidas's current official logo. For years the only symbol associated with Adidas was the trefoil (flower) logo design. The 3 leaves symbolize the Olympic spirit, linked to the three continental plates as well as the heritage and history of the brand. The "Trefoil" was adopted as the corporate logo design in 1972. In January 1996, the Three-Stripe brand mark became the worldwide Adidas corporate logo. This logo represents performance and the future of the Adidas branding identity.

गरीबी और नाखुशी से बने पहले जूते

सवा सौ साल पहले बिग डॉग शू फैक्टरी में क्रिस्टन डेसलर जूतों की सिलाई करते थे। उनकी कमाई से परिवार का जीवन-यापन संभव नहीं था, इसलिए उनकी पत्नी पाओलिन टाउन में ही एक छोटी सी लांड्री चलाती थी। इस दंपती के दो पुत्र थे—एडोल्फ और रुडोल्फ, जिनके घरेलू नाम थे—एडी और रूडी। दोनों भाई अच्छे खिलाड़ी थे। एडी पिता द्वारा बनाए स्पोर्ट्स शू की फिटिंग से कभी खुश नहीं हुआ। वह सोचता था कि ऐसे शू पहनकर कैसे कोई खिलाड़ी मैदान में अच्छा प्रदर्शन कर सकता है। सन् 1920 में 20 वर्ष की उम्र में एडी ने कैनवास से अपने जूते खुद बनाए। ये शूज एडी को खेल के मैदान में अत्यंत सुविधाजनक लगे तो एडी अपने मित्रों के लिए भी शूज बनाने लगा, जिन्हें खूब पसंद किया गया। श्री मूर्ति के शब्दों में कहें तो एडी के जीवन में भगवान् अवसर का रूप धारण करके आ गए थे, अब पुरुषार्थ से उन्हें पकड़ना था और पकड़े रखना था।

साथ आए दो भाई, लांड्री बनी कर्मभूमि

एडी ने यही किया और भाई रूडी के साथ स्पोर्ट्स शूज बनाने का कारखाना लगाने का निर्णय लिया, पर संसाधन नहीं थे। दोनों भाइयों ने माँ की लांड्री को अपना वर्कशॉप बनाया, जहाँ कभी-कभी बिजली न मिलने पर स्टेशनरी साइकिल के पैडल पॉवर पर निर्भर थे। बहुत जल्दी उनके बनाए शूज लोकप्रिय हो गए।

एडी और रूडी ने थोड़ा पैसा कमाया तो 1 जुलाई, 1924 को उन्होंने एक कंपनी डोसलर ब्रदर्स (ग्रेब्रुडर डोसलर ओएचजी) का गठन किया। सन् 1928 में समेस्टर्डम ओलंपिक में पहली बार खिलाड़ियों ने डोसलर ब्रदर्स के शूज़ पहने। सन् 1930 तक एडी व रूडी ग्यारह खेलों के लिए अलग-अलग डिजाइन के जूते बनाने लगे। सन् 1936 में बर्लिन में आयोजित समर ओलंपिक में जेस्सी ओवेंस डोसलर शू पहनकर मैदान में खेला। एडोल्फ हिटलर की उपस्थिति में खेले गए इस टूर्नामेंट में जेस्सी ने चार स्वर्ण पदक हासिल किए तो

एडी की खुशी देखते ही बनती थी। इसके बाद डोसलर शूज की माँग बढ़ गई। द्वितीय विश्वयुद्ध के पहले एडी व रूडी ने 28 लाख जूते बेचने का कीर्तिमान बनाया; पर युद्ध ने सारी मेहनत पर पानी फेर दिया। दुनिया को युद्ध के प्रभाव से मुक्त होने में दस साल लग गए।

अनबन से जनमी पूमा

सन् 1947 में एडी व रूडी ने 50 कारीगरों के साथ कारोबार को पुनर्जीवित किया, पर इसी साल दोनों भाइयों में अनबन हो गई। एडी व रूडी नाजी पार्टी के सदस्य थे। रूडी पार्टी में ज्यादा सक्रिय थे। उन्हें अमेरिकन फौज ने गिरफ्तार किया तो इसके लिए रूडी ने एडी को दोषी माना और भाई से नाता तोड़कर अपनी अलग कंपनी 'पूमा' स्थापित की। अपने निकनेम एडी के साद डेसलर के शुरुआती तीन शब्द जोड़कर रुडोल्फ 'एडीडास' के नाम से जूते बनाने लगा। एक साल बाद एडी ने ट्रैफाइल (त्रिपर्णचाप या तिपहिया) को तीन पट्टियों की शक्ल में अपने प्रतीक चिह्न (लोगो)* बनाया। कहते हैं कि पुरातन ग्रीस में आयोजित होनेवाले स्पोर्ट्स फेस्टिवल के विजेताओं को दिए जानेवाले ट्रैफाइल पदक से प्रेरित है—एडीडास की यह विश्व-प्रसिद्ध पहचान। यह पदक ओलंपिक खेल भावना और विजेता होने की चाह को दरशाता है। एडी ने भी सारा जीवन इस भावना के साथ जिया था।

खेल बढ़े और जूते चले

सन् 1954 में आयोजित सॉसर वर्ल्ड कप में जर्मन टीम एडीडास के

** सन् 1967 में एडी डेसलर ने अपनी कंपनी के लिए तीन पट्टियों का प्रतीक चिह्न स्वयं तैयार किया था। लोगो की पट्टियाँ पहाड़ का प्रतिनिधित्व करती हैं। जो ऊँचाई और लक्ष्य की ओर संकेत करती है। सन् 1997 में एडीडास के क्रिएटिव डायरेक्टर पीटर मुरे ने इस प्रतीक चिह्न की रीइंजीनियरिंग की। सालोमन के अधिग्रहण के बाद उनके प्रतीक चिह्न से लाल रंग लिया गया। डायमंड लुक के तीन चिह्न जोड़े गए, जिसके दो मोड़ विजय का प्रतिनिधित्व करते हैं। सन् 2005 में नया वर्ल्ड मार्क लोगो अपनाया गया, जो सरल है और मार्केट लीडरशिप का आत्मविश्वास दरशाता है।*

स्क्रू-इन-स्टड्स शूज पहनकर मैदान में उतरी थी और उसने सांसर हंगरी को परास्त किया। इसके बाद तो एडी ट्रेनिंग शूज के गॉड फादर बन गए। द्वितीय विश्वयुद्ध की उदासी व हताशा को दूर करने में स्पोर्ट्स ने अहम भूमिका निभाई है। स्पोर्ट् फेस्टिवल्स व ओलंपिक विश्वयुद्ध के बाद ही सारी दुनिया में लोकप्रिय हुए हैं। एडी ने इस अवसर का सूझ-बूझ के साथ दोहन किया और शूज सहित अपने अन्य स्पोर्ट्स उत्पादों की गुणवत्ता बढ़ाई, गुणवत्तायुक्त उत्पाद बनाने के लिए नई-नई तकनीक अपनाई। एडी पहले उद्यमी भी हैं, जिन्होंने एडीडास ब्रांड के प्रमोशन के लिए स्टार खिलाड़ियों को अनुबंधित किया। दुनिया के अपने जमाने के कई नामी एथलीट्स जैसे जेस्सी ओवेंस, मोहम्मद अली, सेफ हरबर्जर, फ्रॉज बिकेनबर ने एडीडास उत्पादों को प्रमोट किया। भारतीय टेनिस स्टार सानिया मिर्जा भी एडीडास की ब्रांड एंबेसडर रहीं।

प्रचार की धूम, पेटेंट का फंडा

एडी ने आक्रामक प्रचार-प्रसार पर भी उदारता से खर्च किया। सन् 1972 में हुई फाइट ऑफ सेंचुरी के दोनों योद्धा मोहम्मद अली और जो फ्रेजियर एडीडास के शूज पहनकर ही रिंग में उतरे थे। इसी साल एडीडास म्यूनिख ओलंपिक का अधिकृत सप्लायर बना। एडीडास पहला स्पोर्ट्स ब्रांड भी है, जिसने नॉन एथलीट्स हिप-हॉप ग्रुप रन-डीएसी (संगीत कलाकारों का ग्रुप) को भी प्रमोट किया। इस ग्रुप के एक अलबम 'माई एडीडास' ने '80 के दशक में खूब धूम मचाई। मार्केटिंग गुरु कहते हैं कि एडीडास के प्रतिद्वंद्वी नाइकी के लिए, जो माइकल जोर्डन ने किया, वही करिश्मा एडीडास के लिए

एन–डीएमसी ने दोहराया। अमेरिकन गायक व गीत लेखक मिस्सी इलियट भी एडीडास के ब्रांड एंबेसडर रहे। सन् 1978 में 78 वर्ष की उम्र में एडी का जब निधन हुआ तो उनके पास स्पोर्ट्स शूज व अन्य स्पोर्ट्स उपकरणों के 700 से ज्यादा पेटेंट्स थे। वे पहले गैर–अमेरिकन उद्योगपति भी बन गए थे, जिनके उत्पाद अमेरिकन मार्केट में भी स्थापित हो चुके थे।

तारणहार मिला, ब्रांड बनी मार्केट लीडर

एडी के निधन के बाद उनकी पत्नी कैथ डेसलर ने कारोबार सँभाला। 6 साल बाद उनका निधन हुआ तो पुत्र होर्स्ट डेसलर एडीडास के सर्वेसर्वा बने, पर सन् 1987 में मात्र 51 वर्ष की उम्र में उनका भी निधन हो गया। इसके बाद कंपनी ने दुर्दिनों का सामना किया, जिससे फ्रेंच उद्योगपति बर्नार्ड टेपी ने उबारा। सन् 1989 में एडीडास एक कॉर्पोरेशन में बदला गया और एक बार फिर अपनी जड़ों को लौटते हुए उच्च गुणवत्ता के स्पोर्ट्स शूज बनाने लगा। सन् 1931 में एडीडास स्पोर्ट्स इक्विपमेंट्स, फंक्शनल शूज व एपेरल्स मार्केट में आए। इसके बाद से एडीडास स्ट्रीट वॉल के साथ युवाओं पर फोकस कर रहा है। सन् 1997 में एडीडास व सोलोमन ने हाथ मिलाए और एडीडास–सोलोमन की स्थापना हुई।

जनवरी 2006 में रिबोक इंटरनेशनल को अधिग्रहीत करके एडीडास ग्लोबल फुटवियर मार्केट का लीडर बन गया। एडीडास डिआड्रेंट्स, परफ्यूम, आफ्टर शेव लोशन जैसे कई अन्य उत्पाद भी बनाता है। एडीडास का मुख्यालय जर्मनी में है, पर कई देशों में इसका कारोबार फैला हुआ है। फुटवियर मार्केट में नई क्रांति का जनक है एडीडास। इनमें उल्लेखनीय है सन् 2005 में कंपनी द्वारा लॉन्च किया गया एडीडास वन, जिसमें माइक्रोप्रोसेसर उपयोग किया गया है। सारी दुनिया में पहले इंटेलीजेंट शूज के नाम से मशहूर एडीडास वन में 100 घंटे चलनेवाली बैटरी लगी है, जो मौसम व पर्यावरण के अनुकूल शूज की कुशनिंग (तले) को स्वयं एडजस्ट करती है।

ब्रांड एंबेसडर की परंपरा

एडीडास ने स्टार खिलाड़ियों को ब्रांड एंबेसडर बनाने की परंपरा जारी रखी है। कई अन्य सेलिब्रिटीज के अलावा फ्री-किक के लिए सारी दुनिया में मशहूर स्टार फुटबॉल खिलाड़ी डेविड बेकहम को एडीडास ने 4 मिलियन पाउंड सालाना शुल्क पर अपना प्रोडक्ट्स प्रमोटर नियुक्त किया है। मार्केट विश्लेषकों के अनुसार, माइकल जोर्डन की तरह बेकहम 'हॉट मार्केट मशीन' है, जिन्होंने अपना सिग्नेचर ट्रेडमार्क 'फ्री-किक' एडीडास को कलेक्शन उत्पादों के लिए उपलब्ध करवाया है।

भारत में जमे 100 ठिकाने

सन् 1996 में स्थापित एडीडास इंडिया मार्केटिंग प्रा. लिमिटेड भारत में एडीडास उत्पाद उपलब्ध करवाती है। सारे देश में इसके सौ से ज्यादा एक्सक्लूसिव स्टोर्स हैं। देश के महँगे फुटवियर्स मार्केट में एडीडास, लेवीज और रिबोक का वर्चस्व है; पर इस मार्केट का मास्टर ब्रांड है एडीडास।

Pinning it Up !

Wondering how to pay a fifteen-dollar debt American mechanic Walter Hunt unconsciously twisted a piece of wire into one of the greatest inventions of all time - the Safety Pin.
Truly, the brightest ideas come at the most unexpected times. Don't they ?

कोका कोला

केतली से निकला कोका कोला

सन् 1886 के दौरान की बात है। अमेरिका के न्यूयॉर्क हार्बर पर श्रमिक स्टैच्यू ऑफ लिबर्टी को खाड़ी में स्थापित करने के महा-अभियान में लगे हुए थे और यहाँ से करीब 800 मील दूर जॉर्जिया की राजधानी अटलांटा में भी एक इतिहास रचा जा रहा था । यहाँ के एक फार्मासिस्ट डॉ. जॉन पेमबर्टन अपने घर के पिछवाड़े में एक ऐसा पेय पदार्थ बनाने में जुटे हुए थे, जो शरबत जैसा हो और सिरदर्द व दर्द-निरोधक औषधि के तौर पर काम आ सके। इसके लिए उन्होंने अपने अफ्रीकी नौकर में प्रचलित एक घरेलू नुस्खे को आधार बनाया। 8 मई, 1986 की एक दोपहर को पेमबर्टन ने नीबू, दालचीनी, कोका की पत्तियाँ और एक ब्राजीलियन झाड़ी के बीजों को पानी में मिलाया तथा उन्हें एक केतली में भरकर रख दिया। कुछ समय बाद इसे चखने पर पाया कि यह

The famous Coca-Cola logo was created by John Pemberton's bookkeeper, Franck Mason Robinson. In 1885. Robinson came up with the name and chose the logo's distinctive cursive script. The typeface used, known as Spencerian script, was developed in the mid 19th century and was the dominant form of formal handwriting in the United States during that period. Robinson also played a significant role in early Coca-Cola advertising..

मिश्रण एक किस्म का शरबत बन गया था। इसमें कोका की महक और स्वाद के साथ नीबू व दालचीनी के गुण थे। डॉ. पेमबर्टान इस शरबत को परीक्षण के लिए पास ही स्थित जैकब्स फार्मेसी नाम की एक कंपनी में ले गए। वहाँ इसे कार्बोनेट पानी के साथ मिलाकर कुछ लोगों को पीने के लिए दिया गया। सभी

ने इस नए स्वादवाले शरबत को पसंद किया। इस शरबत का कोका कोला नाम पेमबर्टान के दोस्त अकाउंटेंट फ्रैंक रॉबिंसन ने दिया।

सफल वैज्ञानिक की असफल कंपनी

पेमबर्टान ने एड हॉलैंड नाम के एक दोस्त के साथ कोका कोला कंपनी बनाकर जैकब्स फार्मेसी के साथ एक अनुबंध किया और 5 सेंट प्रति गिलास की दर से कोका कोला को बेचने का निर्णय लिया। पेमबर्टान ने इस शरबत के प्रचार पर कुल 80 डॉलर खर्च किए। वे पहले साल में मात्र 50 डॉलर ही मुनाफा भी कमा सके, क्योंकि वे प्रतिदिन मात्र नौ गिलास कोला ही बेच पाए। कहा जाता है कि पेमबर्टान को कोकीन की लत थी और इस कारण वे बीमार व दिवालिया हो गए थे। मजबूरन वर्ष 1892 में उन्होंने कोका कोला को असा कैंडलर नामक एक अन्य कारोबारी को मात्र 2,300 डॉलर में बेच दिया। दिलचस्प बात है कि आज कोका कोला 142 अरब डॉलर से ज्यादा पूँजीवाली कंपनी है। 200 से ज्यादा देशों में इसके 400 से ज्यादा ब्रांड हैं और रोजाना की बिक्री सवा अरब कैन-बोतलों की है। दुनिया भर में इसके विज्ञापन 500 से ज्यादा टी.वी. चैनलों पर दिखाई देते हैं ।

कैंडलर ने खरीदी, वुडरफ ने सँवारी

वर्ष 1893 में कैंडलर ने इस शरबत में भविष्य की संभावनाएँ देखते हुए इसके फॉर्मूले का पेटेंट करवा लिया। इसके बाद उन्होंने एक फैक्टरी लगाकर उत्पादन शुरू किया और जमकर विज्ञापन किया। उन्होंने अखबार और बिल बोर्ड्स के जरिए कोक को प्रचारित किया। अच्छा मुनाफा कमाने के बाद उन्होंने कंपनी को देश के मशहूर कोयला-स्टील उद्योगपति अर्नेस्ट वुडरफ को करीब ढाई करोड़ डॉलर में बेच दिया। 1923 में वुडरफ ने इस कंपनी को अपने बेटे रॉबर्ट को सौंप दिया, जो इसके वास्तविक उद्धारक बने। करीब 30 साल के अपने कार्यकाल में उन्होंने कंपनी को शून्य से शिखर पर पहुँचा दिया। उन्होंने प्रचार के लिए रेडियो और टी.वी. का सहारा लिया। रॉबर्ट वुडरफ के कार्यकाल में कंपनी ने प्रचार के लिए जो रीति-नीति अपनाई थी उस पर आज तक अमल हो रहा है। वुडरफ ने कोक की गुणवत्ता में सुधार कर उत्पादन बढ़ाया और कमाई का बड़ा हिस्सा विज्ञापन पर खर्च किया। उन्होंने वेंडिंग मशीनों, प्लास्टिक बोतलों और सोडा फाउंटेन के जरिए कोक की बिक्री को इतना बढ़ावा दिया कि वह बहुत जल्दी शराब और अन्य एनर्जी ड्रिंक्स का विकल्प बन गया। यही नहीं, शराब के साथ भी कोक की अच्छी जुगलबंदी बन गई। वुडरफ के बेहतरीन प्रबंधन और उपलब्धियों के कारण उन्हें कंपनी ने 'द बॉस' का संबोधन-सम्मान दिया। द बॉस ने 1954 में कंपनी प्रमुख पद छोड़ दिया, लेकिन वह जीवन भर कंपनी के निदेशक मंडल में बने रहे। वुडरफ का कार्यकाल कोका कोला कंपनी का स्वर्णिम युग कहा जाता है। वुडरफ को उनकी दयालुता और दानवीरता के लिए भी जाना जाता है।

हर पीनेवाले को कोक मिलना ही चाहिए

वुडरफ ने कोका कोला को एक ऐसे मुकाम पर पहुँचा दिया, जहाँ से वह विश्व विस्तार कर सकती थी। वुडरफ ने नया नारा दिया—हर पीनेवाले को कोक मिलना ही चाहिए। द्वितीय विश्वयुद्ध के बाद आई शांति ने कोका कोला के विस्तार के साथ अन्य कंपनियों को ऐसे पेय उत्पादन का मौका दिया, जिनमें

पेप्सिको प्रमुख कंपनी है। पेप्सिको की स्थापना कोका कोला के समानांतर हुई थी, लेकिन इसे पहचान बनाने में कई दशकों का वक्त लग गया। 80 के दशक तक दुनिया में कोका कोला का एकच्छत्र राज था, लेकिन बढ़ती प्रतिस्पर्धा और मंदी के दौर के कारण इसकी

लोकप्रियता घटने लगी। एक दौर ऐसा आया, जबकि वुडरफ की मौत के बाद कोका कोला की बाजार हिस्सेदारी मात्र 21 फीसदी रह गई। इसके बाद कंपनी ने पारंपरिक कोक के अलावा अन्य उत्पाद उतारे, क्योंकि बाजार में सॉफ्ट ड्रिंक सिंडीकेट्स बनने लगे थे। यहाँ कोका कोला ने अपनी बाजार-रणनीति को बदला और सिंगल प्रॉडक्ट के बजाय मल्टी-प्रॉडक्ट्स बुके बनाया। कंपनी ने कोका कोला के कई वेरिएंट्स लॉन्च किए। इनमें डाइट कोक और कैफीन-फ्री कोक प्रमुख थी।

हमारे देश से मिला देश-निकाला

'70 के दशक में कंपनी ने उन विकासशील देशों की ओर रुख किया जहाँ तेजी से लोग पश्चिमी जीवन-शैली अपना रहे थे। इनमें भारत भी एक था। बहुत जल्दी कोका कोला ने भारत में भी पैर जमा लिये और अपने मार्केट का नंबर ब्रांड बन गया। इसी दौरान भारत में राजनीतिक अस्थिरता फैली और आपातकाल लगा। आपातकाल हटने पर जनता पार्टी की सरकार सत्ता में आई तो उसने कोका कोला को देश-निकाला दे दिया। करीब 16 साल का निर्वासन झेलने के बाद 1993 में कोका कोला ने भारत में वापसी की। यह उदारीकरण का दौर था, जिसका कोका कोला ने पूरा फायदा उठाया। भारत के स्थानीय सॉफ्ट

ड्रिंक ब्रांड जैसे—थम्स अप, लिम्का, माजा, सिट्रा, गोल्ड स्पॉट आदि को खरीदकर कोकाकोला ने पूरे बाजार पर एकाधिकार की रणनीति पर अमल किया। कंपनी ने ब्रांड बुके बनाया और सफलता पाई। 1993 से 2003 के बीच का समय कोका कोला इंडिया के लिए बड़ी चुनौतियों भरा था, क्योंकि कंपनी ने यहाँ करीब 1 अरब डॉलर का निवेश किया था। वह देश में टॉप विदेशी निवेशक बन गई थी। चुनौतियों ने कोका कोला को और मजबूती दी और उसने पूरे देश में अपने ब्रांड फैला दिए। इनमें डाइट कोक, स्प्राइट, फैंटा जैसे नए उत्पाद भी शामिल थे, जो पूरी दुनिया में धूम मचा रहे थे। कंपनी 25 से 30 फीसदी सालाना की दर से बढ़ रही थी और पेप्सी जैसी प्रतिद्वंद्वी को कड़ी टक्कर दे रही थी। इसी दौरान कोला ड्रिंक्स में कीटनाशक होने का मामला सामने आया। इसकी गूँज संसद् के कैंटीन से लेकर हर छोटे-बड़े रेस्तराँ तक सुनाई दी। मामले ने तूल पकड़ा और जाँच समिति बनाई गई। भारतीय संसद् में माँग उठी कि कोक को फिर से देश-निकाला दे दिया जाए, लेकिन कुछ समय बाद सबकुछ सामान्य हो गया। कोक ने अपनी विश्वसनीयता सिद्ध कर दी। कोका कोला इंडिया का दावा है कि एक बोतल कोक बनाने की पूरी प्रक्रिया में करीब 400 छोटे-बड़े प्रयोगशाला व अन्य परीक्षण किए जाते हैं। कंपनी भारत में करीब 10 हजार लोगों को प्रत्यक्ष और लाखों छोटे-बड़े विक्रेताओं को रोजगार दे रही है। कोका कोला इंडिया के.सी.ई.ओ. और प्रेसीडेंट अतुल सिंह के नेतृत्व में कंपनी अपनी 122 साल पुरानी साख को और प्रतिष्ठित कर रही है।

कोका कोला के उत्पाद और बाजार

200 देशों में 400 से ज्यादा उत्पाद और करीब डेढ़ अरब बोतल प्रतिदिन का उत्पादन।

प्रमुख उत्पाद—कोका कोला, थम्स अप, फैंटा, लिम्का, स्प्राइट, माजा, किनले, जार्जिया, माइन्यूट, मैड, डाइट कोक, चेरी कोक, कोक विद लाइम, कोका कोला जीरो, कोका कोला ऑरेंज, वनिला कोक, डाइट वनिला, डाइट विद लाइम, ब्लैक चेरी वनिला।

बाजार—37 फीसदी अमेरिका में, 43 फीसदी चीन, जापान, ब्राजील, मेक्सिको में, 20 फीसदी बाकी दुनिया में।

Zip this !

> 'Automatic Continuous clothing Clouser' or the humble Zipper was invented by an American inventor and sewing machine pioneer Elias Howe in 1851. Nearly 44 years later, Jusdon Whitcomb marketed it as the 'Clasp Locker'. Today, he is recognised as the inventor of the Zipper.
> **A big idea isn't any good till you put it at work, is it ? THINK PRACTICAL**

Microsoft

माइक्रोसॉफ्ट

झूठ से शुरू हुई थी माइक्रोसॉफ्ट

क्या कोई यकीन कर सकता है कि दुनिया की सबसे अमीर कंपनियों में से एक माइक्रोसॉफ्ट की बुनियाद दो युवाओं के एक झूठ पर रखी गई थी ? बिल गेट्स के कुशल नियंत्रण में स्थापना के 33 साल बाद आज माइक्रोसॉफ्ट एक ऐसे आधार पर खड़ी है जिस पर नई सदी की नई इबारत लिखी जा रही है। गर्व का विषय है कि माइक्रोसॉफ्ट की सफलता में भारत की आई.टी. प्रतिभाओं का भी महती योगदान है।

Microsoft

The original Microsoft logo was a "groovy logo. The old logo, which was green, in all uppercase, and featured a fanciful letter O, nicknamed the blibbet, but it was discarded. Microsoft "blibbet" logo, used until 1987. In 1987, Microsoft adopted its current logo, the so-called "Pacman Logo". The logo was designed by Scott Baker. According to the March 1987 Computer Reseller News Magazine, "The new logo, in Helvetica italic typeface, has a slash between the o and s to emphasize the "soft" part of the name and convey motion and speed." Microsoft logo with the 1994-2002 slogan "Where do you want to go today?" Microsoft logo as of 2006, with the slogan "Your potential. Our passion"

माइक्रोसॉफ्ट की बुनियाद : एक झूठ और दो कमरे

अलबुकुर्क, न्यू मेक्सिको में जनवरी 1975 का एक दिन। एम.आई.टी.एस. नाम की एक तकनीकी कंपनी की बड़ी सी इमारत में दो अजनबी युवक घुसे। संतरी ने रोका और आने का कारण पूछा तो उनमें से एक बोला कि कंपनी के मालिक ने बुलाया है। कुछ ही देर में दोनों कंपनी के प्रमुख के सामने बैठे थे। मालिक थे—एड रॉबर्ट्स और युवकों के नाम थे—बिल गेट्स व पॉल एलन। मुलाकात का मुद्दा था, एम.आई.टी.एस. के बनाए नए माइक्रोकंप्यूटर आल्टेयर 8800 के लिए ऑपरेटिंग सिस्टम सॉफ्टवेयर बनाने का। बिल और एलन ने कंपनी को बताया कि उन्होंने आल्टेयर को चलानेवाला सॉफ्टवेयर तैयार कर लिया है और वे उसे बेचना चाहते हैं। एम.आई.टी.एस. के लिए तो यह पतझड़ में बहार आनेवाली स्थिति थी, क्योंकि यह दुनिया का पहला माइक्रोकंप्यूटर था, लेकिन इसे चलानेवाला कोई बेसिक इंटरप्रेटर प्रोग्राम नहीं बन सका था। कंपनी ने सौदा किया और बिल व एलन को 8 हफ्ते का समय मिला कि वे आल्टेयर को अपने प्रोग्राम से चलाने लायक बना दें। असलियत यह थी कि न तो उन्होंने आल्टेयर पर काम किया था और न ही उनके पास ऐसा कोई प्रोग्राम था, लेकिन यह कोरा झूठ आगे चलकर सच में बदला और माइक्रोसॉफ्ट कॉर्पोरेशन की बुनियाद का कारण बना।

आठ हफ्ते में बिल और एलन ने रात-दिन एक करके एक बेसिक प्रोग्राम बना लिया और आल्टेयर को चला भी दिया। बस, यहीं से शुरू होती है माइक्रोसॉफ्ट की कहानी, जो दो कमरों के दफ्तर से शुरू हुई और आज दुनिया के 105 देशों के सैकड़ों आलीशान दफ्तरों से बयाँ हो रही है। 'माइक्रोसॉफ्ट' नाम इसलिए रखा गया, क्योंकि उनका लक्ष्य माइक्रोकंप्यूटर किट के लिए प्रोग्राम बनाना था। इससे भी दिलचस्प बात यह है कि माइक्रोसॉफ्ट के सर्वेसर्वा संस्थापक हेनरी विलियम गेट्स उर्फ बिल गेट्स स्कूली दिनों में कंप्यूटर हैकिंग के कारण प्रतिबंधित किए गए थे। कंप्यूटर के इतने ही दीवाने बिल ने हॉर्वर्ड यूनिवर्सिटी की अपनी पढ़ाई भी अधूरी छोड़ दी थी, जिसके कारण आज वे दुनिया के सबसे अमीर नॉन-ग्रेजुएट कहे जाते हैं। भले ही वह आज

माइक्रोसॉफ्ट की सक्रिय जिम्मेदारी छोड़ चुके हैं, पर कंपनी के हर नए कदम में उनकी मेहनत, लीडरशिप और दूरदृष्टि दिखाई देती है। बिल ने अपनी बड़ी जिम्मेदारियाँ स्टीव बॉमर, क्रेग मुंडी और रे ओज़ी की टीम को सौंप दी है।

डॉस से बढ़े कदम, विंडोज से विस्टा तक

आल्टेयर के लिए बेसिक प्रोग्राम बनाने के बाद माइक्रोसॉफ्ट के युवा संस्थापकों को एक दिशा मिल गई और उन्होंने पूरा ध्यान पर्सनल कंप्यूटर के लिए सॉफ्टवेयर पर लगाया। माइक्रोसॉफ्ट का काम चल निकला। 1980 के दौर में दुनिया में आई.बी.एम. कंपनी की अगुआई में पी.सी. क्रांति आ रही थी। ऐसे में नए कंप्यूटर को चलाने के लिए ऐसे सरल ऑपरेटिंग सिस्टम की जरूरत थी, जिसे एक्सपर्ट के साथ-साथ एक सामान्य आदमी भी चला सके। आई.बी.एम. ने बिल की कंपनी से संपर्क किया। नई तरकीब भिड़ाते हुए बिल ने उन्हें डिजिटल रिसर्च नाम की कंपनी की सेवाएँ लेने का सुझाव दिया। संभवतः इसके पीछे फिर से उतना समय लेना था, जितने में आई.बी.एम. के लायक प्रोग्राम बन जाए। आई.बी.एम. और डिजिटल रिसर्च के बीच सौदा नहीं हो सका। आई.बी.एम. फिर से बिल की शरण में आई । अब वे तैयार थे। उन्होंने 86-डॉस (क्यू-डॉस) के रूप में नया ऑपरेटिंग सिस्टम पेश किया, जो आगे चलकर एम.एस. डॉस के रूप में मशहूर हुआ। इसे उन्होंने 80 हजार डॉलर में आई.बी.एम. को बेचा, लेकिन कॉपीराइट अपने पास रखे। यह एक शातिर पैंतरा था, जिसने आगे चलकर माइक्रोसॉफ्ट का कायाकल्प कर उसे नंबर वन बना दिया। इसके बाद माइक्रोसॉफ्ट ने विंडोज उतारा, जो ऐसा शानदार सॉफ्टवेयर सिद्ध हुआ कि

कंप्यूटर में झाँकने की एकमात्र खिड़की आज तक बना हुआ है। इसके बाद आए विंडोज के चार नए वर्ज़नों और विंडोज एक्सपी ऑपरेटिंग सिस्टम ने माइक्रोसॉफ्ट सूचना-क्रांति के युग की फ्लैगशिप कंपनी बन गई। पिछले साल कंपनी ने माइक्रोसॉफ्ट विस्टा नाम का सुविकसित ऑपरेटिंग सिस्टम लॉञ्च किया, लेकिन उसे अपेक्षा से कम रिस्पांस मिला है।

इंटरनेट का नीला-इ और 1200 अरबपतियों की कंपनी

माइक्रोसॉफ्ट ने इंटरनेट की क्षमताओं को पिछली सदी में ही भाँप लिया था और अपनी सेवाओं का विस्तार करना शुरू कर दिया था। 1995 में कंपनी ने विंडोज के नए वर्जन के साथ इंटरनेट एक्सप्लोरर जोड़कर पूरी दुनिया को बेतार के तारों से जोड़ने का महाअभियान शुरू किया था। नीले रंग में घूमता अंग्रेजी का वह इ अक्षर इंटरनेट के नाम से दुनिया भर के कंप्यूटरों को आपस में जोड़कर आज ज्ञान व तकनीक का महासागर बन चुका है। आप साधारण समझदारी से इसमें गोते लगाते जाइए, हर बार पहले से ज्यादा बेशकीमती मोती पाइए। इसी तरह कंपनी ने माइक्रोसॉफ्ट मॉउस से कंप्यूटर हार्डवेयर के क्षेत्र में पैठ बनाई है। विंडोज मोबाइल, एक्सबॉक्स वीडियो गेम कंसोल और एमएसएनबीसी टी.वी. नेटवर्क के जरिए भी कंपनी ने अपने प्रॉडक्ट पोर्टफोलियो का विस्तार किया है।

सॉफ्टवेयर कारोबार में मोनोपॉली और दबदबा कायम रखने के लिए माइक्रोसॉफ्ट ने अमेरिकी सरकार और यूरोपियन कमीशन के साथ लंबी कानूनी लड़ाइयाँ लड़ीं। इसके लिए माइक्रोसॉफ्ट को अपनी कारोबारी रणनीतियाँ बदलने के साथ करोड़ों डॉलर का जुर्माना भी भरना पड़ा, पर इसका फायदा भी उन्हें मिला और हर सॉफ्टवेयर की कीमत जमकर वसूल कर बिल गेट्स समेत 4 उद्यमियों को खरबपति और 12,000 से ज्यादा कर्मचारियों को अरबपति बनाने का श्रेय माइक्रोसॉफ्ट को मिले। संभवत: यह दुनिया की पहली व एकमात्र ऐसी कंपनी है, जिसके पास 12 हजार से ज्यादा अरबपति कर्मचारी हैं।

माइक्रोसॉफ्ट की प्रतिष्ठा : माइक्रोसॉफ्ट इंडिया

आई.टी. युग में भारत को मिली वैश्विक पहचान के पीछे भी माइक्रोसॉफ्ट की महत्त्वपूर्ण भूमिका है। कंपमी ने 1998 में भारत के आई.टी. बाजार में मात्र 20 कर्मचारियों के स्टाफ के साथ दस्तक दी थी। हैदराबाद में कंपनी ने अपना कैंपस माइक्रोसॉफ्ट इंडिया डेवलपमेंट सेंटर यानी एम.एस.आई.डी.सी. बनाया और मात्र दस साल में वह दबदबा कायम किया है कि वह माइक्रोसॉफ्ट प्रतिष्ठा सूची में दूसरे पायदान पर आ गई। पहले पायदान पर रेडमंड, वॉशिंगटन स्थित माइक्रोसॉफ्ट मुख्यालय है। मशहूर आई.टी. प्रोफेशनल श्रिनी कोप्पुलू के नेतृत्व में माइक्रोसॉफ्ट इंडिया का कारोबार तेजी से फैल रहा है। आज कंपनी के पास 1200 से ज्यादा आई.टी. प्रोफेशनल्स की टीम है, जो 50 से ज्यादा प्रॉडक्ट्स बना चुकी है। पिछले तीन साल के दौरान भारत की विलक्षण आई.टी. प्रतिभाओं ने माइक्रोसॉफ्ट के लिए 180 से ज्यादा पेटेंट फाइल किए हैं। माइक्रोसॉफ्ट इंडिया स्टोरेज, नेटवर्किंग और मोबिलिटी के क्षेत्र में श्रेष्ठतम सेवाएँ देकर हमारे देश की प्रतिभावान् छवि को और उजला कर रही है। यही वजह है कि बिल और उनकी पत्नी मेलिंडा गेट्स द्वारा स्थापित चैरिटी फाउंडेशन भारत के विकास में मुक्त हाथों से धन और तकनीकी सेवाएँ उपलब्ध करवा रही है।

माइक्रोसॉफ्ट के संस्थापक बिल गेट्स के बारे में पिछले दस साल से मशहूर है—

- वे हर सेकंड में 250 डॉलर, हर दिन में 2 करोड़ डॉलर और हर साल में करीब 8 अरब डॉलर कमाते थे।
- यदि उनसे 1 हजार डॉलर गलती से गिर जाएँ तो उन्हें उठाने की जरूरत नहीं, क्योंकि उठाने में लगे 4 सेकंड में वह उतना फिर कमा लेते थे।
- यदि उनके पूरे धन को 1 डॉलर के नोट में बदल दिया जाए तो उससे धरती और चाँद के बीच 14 बार सड़क बनाई जा सकती है। हाँ, इसे बनाने में करीब 1400 साल का समय लगेगा और नोटों को ढोने में लगेंगे कुल 713 जंबो बोइंग विमान।

- यदि बिल गेट्स एक देश का नाम होता तो वह दुनिया का 37वाँ अमीर देश होता।
- उनके पास इतना धन था कि वे धरती के हर इनसान को 15 डॉलर दान में दे दें तो भी उनके पास 50 लाख डॉलर बचे रहेंगे ।
- अमेरिका के सर्वाधिक धनी एथलीट कहे जानेवाले माइकल जॉर्डन को बिल गेट्स के बराबर आने में करीब 277 साल लगेंगे ।

वस्तुतः बिल गेट्स ने इतना पैसा कमाया कि वे अगले 25 साल और जीवित रहते हैं औरे वह हर दिन 70 लाख डॉलर भी खर्च करें तो भी पूरी संपत्ति खत्म नहीं होगी।

In a sticky situation ?

An American engineer Richard Drew saw two autobody painters struggle to make a clean dividing line on two colour paint jobs. Drew's ingenious solution for the painter's dilemma was the world's first masking tape. The Scotch Cellulose Tape (as we know it cello tape today) finds a place in every self-respecting home and office in the world. So the next time you are in a sticky situation, do not look for an easy way out.
Look for a solution ! THINK SOLUTIONS !

Amway
एमवे

आम को अमीर बनाए एमवे

एमवे यानी 'अमेरिकन-वे', एक ऐसी एफएमसीजी-मार्केटिंग कंपनी है जो अपनी रणनीतियों के लिए विख्यात है। आज से ठीक 50 साल पहले जनमी एमवे ने 100 से ज्यादा देशों के 30 लाख से ज्यादा सामान्य लोगों को असामान्य व संपन्न कारोबारी बना दिया है। सामान्य कंपनियों से अलग यह कंपनी खास तरीकों से अपने से जुड़नेवाले सामान्य लोगों को डायमंड के रूप तराश देती है।

इसकी शुरुआत कैसे हुई, यह जानने से पहले हम रूबरू होते हैं इसके संस्थापक जै वान एंडेल और रिचर्ड एम डेवोस से। मिशिगन, अमेरिका की ग्रैंड

Amway is an abbreviation for " American Way ". It's blue typeset logo with a pink baseline indicates it's straight way of quality & faithful business. Amway is a trusted resource for quality home, wellness, and body & beauty products available worldwide through its network of IBOs. The Amway Opportunity is accepted across many cultures as a legitimate path to learning the power of the free enterprise system. Millions of people in the Americas, Australasia, Greater China, Europe, Japan and Korea use the sales and marketing plan to start a business and earn extra income.

रैपिड्स में सन 1924 में जनमे जै रिचर्ड डेवोस से दो साल बड़े थे। दोनों की दोस्ती मिशिगन के एक क्रिश्चियन स्कूल में हुई। इस दोस्ती के पीछे एक छोटी सी डील थी, जिसमें रिचर्ड 25 सेंट (डॉलर का एक-चौथाई हिस्सा) पर जै वान को स्कूल तक अपने वाहन में लिफ्ट देते थे। इस 'डील' से हुई दोस्ती इतनी पनपी कि उसनें दुनिया को एमवे जैसी कंपनी दी और लाखों लोगों को उद्यमिता का नया सबक भी सिखाया। इन दोनों के विचार और संस्कार इसलिए भी मिलते थे, क्योंकि दोनों के परिवारों की जड़ें चलैंड (हॉलैंड) में थीं। दोनों पूर्वज अपने मेहनती स्वभाव और उद्यमिता के लिए जाने जाते थे। आगे चलकर दोनों सेना में बतौर पायलट भरती हुए और दूसरे विश्व युद्ध में अमेरिका के लिए लड़े।

युद्ध से लौटने के बाद भी उनकी दोस्ती सलामत रही और उन्होंने जीवन निर्वाह के लिए वॉल्वेरिन एयर सर्विस शुरू की जहाँ वे लोगों को विमान उड़ाना सिखाते थे । इस काम में कुछ ज्यादा सफलता नहीं मिली। बाद में दोनों ने हैंबर्गर के कारोबार में भी हाथ आजमाया । यहाँ भी मनचाहे परिणाम नहीं मिले तो दोनों ने एक जहाज खरीदा और लैटिन अमेरिका में व्यापार संभावनाएँ ढूँढ़ने निकल पड़े। किस्मत ने यहाँ भी साथ नहीं दिया और उनका जहाज कैरेबियन सागर में डूब गया। जै और रिचर्ड के अगले 6 महीने दक्षिण अमेरिका मे गुजरे क्योंकि सब कुछ डूब जाने के बाद उनके पास एकमात्र यही विकल्प बाकी था। मिशिगन लौटने के बाद इन दोनों साहसी युवाओं ने जै-री कॉर्पोरेशन नाम से एक कंपनी बनाई और अपनी समुद्री यात्रा को भुनाते हुए कैरेबियन द्वीपों के आदिवासियों द्वारा बनाई हस्तकला से बनाई चीजें अमेरिका में बेचने लगे।

1949 में एक दिन जै का दूर के रिश्ते का एक भाई शिकागो से एक बिजनेस ऑफर लेकर आया। यह ऑफर कैलिफोर्निया निवासी डॉ. कार्ल रेनबॉर्ग की न्यूट्रीलाइट नामक कंपनी के मल्टीविटामिन प्रॉडक्ट की डिस्ट्रिब्यूटरशिप थी। काफी विचार-विमर्श के बाद 2 अगस्त, 1949 की सुबह के 2 बजे जै और रिचर्ड ने एक साथ न्यूट्रीलाइट का डिस्ट्रिब्यूटर बनने के लिए जरूरी कागजात पर दस्तखत कर दिए। हालाँकि उन्हें सम्मान के साथ

डिस्ट्रिब्यूटरशिप और मुनाफे के अच्छे अधिकार मिले थे, फिर भी अभी तक उन्हें समझ नहीं आया था कि उन्हें असल में करना क्या है और वे किस तरह के डिस्ट्रिब्यूटर बने हैं। अगले दिन उन्होंने अपने मल्टीविटामिन प्रॉडक्ट का पहला डिब्बा 19.50 डॉलर में बेच दिया, पर इसके बाद दो हफ्ते तक वे कुछ भी नहीं बेच सके। जै ने अपने उसी चचेरे भाई से मशविरा किया तो उसने कहा कि शिकागो आओ, यहाँ तुम्हें कुछ लोग इस कारोबार के गुर सिखाएँगे। जै और रिचर्ड शिकागो पहुँचे, जहाँ एक होटल में 100 से ज्यादा लोग एक मीटिंग में बैठे मार्केटिंग रणनीति सीख रहे थे। वहाँ ली माइटिंगर नाम के एक मशहूर मार्केटिंग गुरु का उन्होंने भाषण सुना और न्यूट्रीलाइट कंपनी पर बनी एक फिल्म देखी। वे वहाँ मौजूद अन्य डिस्ट्रिब्यूटर्स से भी मिले और उनके साथ अपने अनुभव बाँटे। मीटिंग के समापन पर उनका ब्रेन-वाश हो चुका था और वे दोनों एक नई ऊर्जा से लबरेज थे। वे आतुर थे कि जल्दी-से-जल्दी, ज्यादा-से-ज्यादा प्रॉडक्ट बेचें, अपने नए डिस्ट्रिब्यूटर बनाएँ और कम काम करके ज्यादा मुनाफा बनाएँ। इसका प्रमाण यह है कि मिशिगन वापसी में जब वे एक गैस स्टेशन पर रुके तो वहाँ उन्होंने एक परिवार को न्यूट्रीलाइट सप्लीमेंट का दूसरा डिब्बा बेच डाला।

1959 तक करीब दस साल तक न्यूट्रीलाइट से जुड़े रहने के बाद उन्हें लगने लगा कि सरकार की प्रतिबंधित नीतियों और कंपनी में उभरते विवाद के कारण उनकी योग्यता और मेहनत के साथ पूरा न्याय नहीं हो पा रहा है। कुछ अन्य न्यूट्रीलाइट डिस्ट्रीब्यूटरों की भी यही राय थी। सबक लेते हुए जै और रिचर्ड ने हौसला और पूँजी जुटाकर अप्रैल 1959 में दि अमेरिकन-वे एसोसिएशन नामक एक डिस्ट्रिब्यूशन कंपनी की स्थापना की, जो चार साल बाद एमवे डिस्ट्रिब्यूशन एसोसिएशन के नाम से जानी गई। इसकी स्थापना का उद्‍देश्य था—उद्यमशीलता को बढ़ावा देना, वित्त प्रबंधन को समझना और अपने एसोसिएट्स यानी डिस्ट्रिब्यूटरों को आर्थिक स्वतंत्रता देना।

एमवे का पहला प्रॉडक्ट एल.ओ.सी. नामक एक लिक्विड ऑर्गनिक क्लीनर था, जिसकी उन दिनों बहुत माँग थी। सितंबर 1959 तक कंपनी का

ऑफिस खुल गया, जो कि किसी महँगी जगह में न होकर इसके संस्थापक जै के घर के बेसमेंट में था। कारोबार में जै वान और रिचर्ड डेवोस बराबरी के साझीदार थे। जै वान ने नए प्रॉडक्ट और उनके प्रचार-प्रसार का जिम्मा सँभाला और रिचर्ड ने नए-नए डिस्ट्रिब्यूटर्स बनाने का मिशन शुरू किया। काम को सँभालने के लिए उन्होंने 5 कर्मचारी भी नियुक्त कर लिये थे। इसके अलावा दोनों की पत्नियाँ भी काम में हाथ बँटाने लगी थी। कुल मिलाकर एक बेहतरीन टीम वर्क और विजन के साथ एमवे ने शुरुआत की। दो ही साल में कंपनी की सालाना बिक्री बढ़कर 5 लाख डॉलर हो गई और पाँच साल में एमवे 10 लाख डॉलर के टर्नओवरवाली कंपनी बन गई। कंपनी की आकर्षक बोनस पॉलिसी और मार्केट क्रेडिट के कारण हर महीने सैकड़ों की संख्या में नए डिस्ट्रिब्यूटर और दर्जनों अच्छे प्रॉडक्ट उसके साथ जुड़ते जा रहे थे। कंपनी इतनी तेजी से आगे बढ़ रह थी कि इसके संस्थापक हैरान थे। उन्होंने यह सोचा भी नहीं था कि साझेदारी का एक आइडिया इतना कारगर हो सकता है।

एमवे कंपनी के इतिहास पर लिखी गई किताब 'कमिटमेंट टू एक्सीलेंस द रिमार्केबल एमवे स्टोरी' में इसके एक संस्थापक रिचर्ड डेवोस ने लिखा है—'जितने समय में हम नए लोगों को तैयार करते उतने में प्रॉडक्ट ऑर्डर का अंबार लग जाता। यह बहुत अच्छे संकेत थे, लेकिन बहुत चुनौती भरे।' इसके लिए कॉर्पोरेट ढाँचा अपनाया गया और वैसी ही रणनीतियाँ भी बनाई गईं। 1964 में एमवे सेल्स कॉर्पोरेशन, एमवे सर्विस कॉर्पोरेशन और एमवे मैन्यूफैक्चरिंग कॉर्पोरेशन का एक कंपनी में विलय हो गया। इसी बीच कंपनी पर गलत बिजनेस नीतियों के जरिए कारोबार फैलाने का आरोप भी लगा, लेकिन जाँच के बाद अमेरिकी सरकार ने एमवे को बेदाग बताया।

अपनी स्थापना का एक दशक पूरा करते-करते एमवे पूरे अमेरिका में

फैल गई, अब इसके संचालकों की नजर बाकी दुनिया पर थी, यह भी सच्चाई थी कि जिन उत्पादों के दम पर एमवे आगे बढ़ रही थी, उनमें ज्यादातर ऐसे थे जो कि संपन्न और विकसित देशों के लोग ही इस्तेमाल कर सकते थे या करते थे। अभी एमवे के लिए लगभग आधी गरीब दुनिया एजेंडा में नहीं थी। '70 के इस दशक के शुरू में ही कंपनी ने सबसे पहले ऑस्ट्रेलिया की ओर कदम बढ़ाए। इसके बाद 1973 में यूरोप और एशिया के धनी देशों की ओर रुख किया। एमवे ने 1985 में लैटिन अमेरिका, 1995 में चीन, 1997 में अफ्रीका और 1998 में भारत में दस्तक दी। नए उत्पादों को अपने बुके में जोड़ने के लिए कंपनी ने 1972 में उसी न्यूट्रीलाइट कंपनी पर नियंत्रण कर लिया जिससे इसके संस्थापकों ने मार्केटिंग के गुर सीखे थे। एमवे ने 1994 में न्यूट्रीलाइट के स्वामित्व अधिकार पूरी तरह से खरीद लिया। '80 के दशक तक एमवे एक अरब डॉलर सालाना के कारोबार के साथ एक स्थापित एफ.एम.सी.जी. कंपनी बन चुकी थी साथ-ही-साथ वह विश्व समुदाय के लिए अपनी कॉर्पोरेट जिम्मेदारियों को बखूबी निभा रही थी।

सदी के अंत तक कंपनी को नए कर्ताधार मिले जै और रिचर्ड डेवोस के बेटे। दूसरी पीढ़ी के चेयरमैन स्टीव वान एंडेल और अध्यक्ष डिक डेवोस भी उन पारिवारिक मूल्यों का निर्वहन कर रहे थे, जिसकी नींव इसके संस्थापकों ने रखी थी। इसी तरह डिस्ट्रिब्यूटर्स भी एमवे से अपने रिश्ते को दूसरी पीढ़ी तक ले गए थे । पर्यावरण जागरूकता और शिक्षा के क्षेत्र में उल्लेखनीय कार्य के लिए एमवे को 1989 में यूनाइटेड नेशंस ने सम्मानित भी किया है।

कॉर्पोरेट संरचना के पुनर्गठन के लिए 1999 में कंपनी ने एलिटकोर के रूप में एक नई होल्डिंग कंपनी बनाई और तीन नई कंपनियाँ—क्विकस्टार, एक्सेस बिजनेस ग्रुप और पिक्सिस इनोवेशंस स्थापित की, जिनके तहत अमेरिका व यूरोपीय देशों में एमवे के इलेक्ट्रॉनिक व इंटरनेट आधारित कारोबार को संगठित किया गया। हालाँकि बाकी दुनिया में एमवे ही सक्रिय रही। 2008 तक कंपनी 6 अरब डॉलर सालाना का कारोबार करनेवाली कंपनी बन चुकी थी।

भारत में पर्सनल केअर, होम केअर, न्यूट्रीशन–वेलनेस और कॉस्मेटिक कैटेगरी के करीब 105 उत्पादों के साथ 1998 से सक्रिय एमवे देश की सबसे बड़ी डायरेक्ट सेलिंग एफ.एम.सी.जी. कंपनी बन गई। कंपनी का सालाना टर्नओवर 1,000 करोड़ को पार कर गया। आज पूरे देश में कंपनी के साढ़े चार लाख से ज्यादा एक्टिव डिस्ट्रिब्यूटर्स या इंडिपेंडेंट बिजनेस ऑनर्स हैं। अपने डिस्ट्रिब्यूटर्स को प्रशिक्षण देने के लिए एमवे विशेष ट्रेनिंग सेशन आयोजित करती है। ये सेशन ही इसकी मार्केटिंग रणनीति की 'बैकबोन' हैं। इनमें भाग लेनेवाले लोगों को विशेष प्रचार सामग्री व ऑडियो–वीडियो तरीके से प्रोत्साहित कर एमवे परिवार में जोड़ लिया जाता है। एक आकलन के अनुसार कंपनी ने पिछले साल में 29 हजार से ज्यादा ट्रेनिंग सेशन आयोजित किए, जिनमें 15 लाख लोगों ने भाग लिया।

Cover that Ouch !

> An American cotton buyer Earle Dickson invented the modern-day band-aid to protect his wife - Josephine's active finger. This small strip continuous to provide the healing touch millions of people around the world. Especially children and sportsmen.
> **THINK HEALING !**

i'm lovin' it

मैकडॉनल्ड्स

कतार से जनमा मैकडॉनल्ड्स

'बड़े स्वप्न देखो, जोखिम उठाओ, पूरा दम लगाओ और अपने स्वप्न साकार करो।' स्व. धीरूभाई अंबानी के इस अनुभव-सिद्ध कथन का आशय है- अनूठी सफलता केवल अनूठे सोच से नहीं मिलती। शून्य से शिखर पर वे ही पहुँचते हैं, जिनके पास अपने सोच, अपने स्वप्न को विराट् रूप देने की मानसिकता होती है, क्योंकि शिखर पर पहुँचने से ज्यादा मुश्किल है शिखर पर बने रहना। फास्ट फूड रेस्त्राँ शृंखला मैकडॉनल्ड्स के जन्मदाता और इसे विश्वव्यापी बनानेवाले उद्यमियों की कहानी इस बात का प्रमाण है। अमेरिकन लाइफ स्टाइल के इस क्विक सर्विस रेस्त्राँ की दो सगे भाइयों रिचर्ड और मौरिक मैकडॉनल्ड ने शुरुआत की थी, पर वे बहुत कम में बहुत जल्दी

---

i'm lovin' it

The McDonald's Golden Arches logo was introduced in 1962. It was created by Jim Schindler to resemble new arch shaped signs on the sides of the restaurants. He merged the two golden arches together to form the famous 'M' now recognized throughout the world. Schindler's work was a development of the stylized 'v' logo sketched by Fred Turner, which was conceived as a more stylish corporate symbol than the Speedee chef character that had previously been used. The McDonald's name was added to the logo in 1968.

संतुष्ट हो गए। फलतः इसके सुफल से वंचित रहे। एक साधारण पर अत्यंत महत्त्वाकांक्षी सेल्समैन ने उनके इस सोच का विराट् रूप देखा और फास्ट फूड के पितामह बनने के साथ मैकडॉनल्ड्स को विश्वव्यापी बनाने का श्रेय जुटाया। खूब पैसा व प्रतिष्ठा कमाई।

मैकडॉनल्ड्स की कहानी सन् 1940 से शुरू होती है। मैकडॉनल्ड भाइयों ने लॉस एंजिल्स से 55 कि.मी. दूर सैन बरनार्डिनो में एक छोटा सा रेस्त्राँ खोला। सन् 1948 में उन्होंने यहाँ स्पीड सर्विस सिस्टम लागू किया, जिसने सारी दुनिया को फास्ट फूड रेस्त्राँ का सोच दिया। इस सिस्टम के तहत मैकडॉनल्ड भाइयों ने सेल्स स्टैंड लगाए थे जहाँ से लोग क्यू में खड़े होकर हैंबर्गर्स व फ्रेंच फ्राइज खरीदते थे। मल्टी मिक्सर मिल्क शेक मिक्सर्स का एक सेल्समैन रेमंड क्रॉक यह जानकर हैरान हुआ कि बरनार्डिनो स्थित छोटा सा रेस्त्राँ उसकी कंपनी का सबसे बड़ा ग्राहक है। क्रॉक इसका कारण जानने रेस्त्राँ पहुँचा तो उसने देखा कि मिल्क शेक व हैंबर्गर्स खरीदने के लिए ग्राहक क्यू में खड़े हुए हैं। मैकडॉनल्ड्स भाई एक बार में 40 मिल्क शेक बनाते हैं। वे एक मिनट में एक ग्राहक को बर्गर डिलीवर कर देते हैं। प्लास्टिक के बरतन व पेपर नैपकीन इस्तेमाल करते हैं। अतः बरतन उठाने व सफाई करने का झंझट नहीं है। क्रॉक के दिमाग में तत्काल खयाल आया कि फास्ट डिलीवरी का यह आइडिया सारे देश में लोकप्रिय होगा।

कामयाब रहा फ्रेंचाइजी का फंडा

क्रॉक ने मैकडॉनल्ड्स भाइयों को सारे देश में फास्ट डिलीवरी वाले फास्ट फूड रेस्त्राँ खोलने की सलाह दी, पर यह देखकर निराश हुआ कि उन्होंने कारोबार विस्तार में रुचि नहीं दिखाई। रेमंड क्रॉक ने दोनों भाइयों से कहा कि वे उसे अपना फ्रेंचाइजी नियुक्त कर दें। दोनों पक्षों के बीच समझौता हुआ कि क्रॉक कुल बिक्री का 1.4 फीसदी व मैकडॉनल्ड भाई 6.5 फीसदी प्राप्त करेंगे—इन शर्तों पर समझौता हुआ। '50 के दशक में यह अपने क़िस्म का पहला संयुक्त वेंचर था। इसके बाद 15 अप्रैल, 1955 को क्रॉक ने डेस लेंस

(इलीनॉय) में पहला फ्रेंचाइजी रेस्त्राँ स्थापित किया, जहाँ लोगों की भीड़ जुटने लगी। मैकडॉनल्ड्स भाइयों के अल्पसंतोषी स्वभाव में क्रॉक ने अपने लिए बड़ी संभावना देखी और उनकी इक्विटी खरीदकर वे दुनिया के पहले फास्ट फूड रेस्त्राँ शृंखला के मालिक बन गए। सन् 1955 में अमेरिका में मैकडॉनल्ड्स कॉर्पोरेशन जनमा और जगह-जगह मैकडॉनल्ड्स रेस्त्राँ खुलने लगे।

1963 में इनकी संख्या 500 से ज्यादा हो गई। 1967 में रेमंड क्रॉक ने अमेरिकन सीमा लाँघकर कनाडा में रेस्त्राँ स्थापित किया। 1983 में 30 देशों में 7,500 से ज्यादा मैकडॉनल्ड्स रेस्त्राँ हो गए। सन् 1965 में क्रॉक ने मैकडॉनल्ड्स को पब्लिक लिमिटेड कंपनी बनाया, जो आज कई देशों के स्टॉक एक्सचेंजों में सूचीबद्ध है। सन् 1984 में रेमंड क्रॉक का जब निधन हुआ, तब वे 50 करोड़ डॉलर संपदा के धनी थे; पर वे इस बात के लिए जाने जाते हैं कि 118 देशों में मैकडॉनल्ड्स के 31 हजार से ज्यादा रेस्त्राँ प्रतिदिन 6 करोड़ ग्राहकों को पूरी सफाई के साथ कम-से-कम समयावधि में हाईजैनिक फास्ट फूड उपलब्ध करवा रहे हैं। 15 हजार लोग हर रोज 4.70 करोड़ लोगों को हैंबर्गर्स, चीज बर्गर्स, चिकन प्रोडक्ट्स, फ्रेंच फ्राइज, सॉफ्ट ड्रिंक्स, मिल्क शेक्स, सलाद, डेजर्टस, फ्रूट्स, वेज व नॉनवेज ब्रेकफास्ट डिशेस सर्व कर रहे हैं। इनकी सालाना बिक्री 23 अरब डॉलर (जनवरी 2008) से ज्यादा है।

दुनिया भर में पहुँचा, भारत को भी भाया

अमेरिका ने सन् 1988 में भारत में मैकडॉनल्ड्स शृंखला स्थापित करने का निर्णय लिया, पर पहला रेस्त्राँ आठ साल बाद स्थापित किया। 6 साल तक रिसर्च की गई कि भारत के खाद्य पदार्थों के नियम-कानून और भारतीय ग्राहकों के बीच मान्य फास्ट फूड कैसे होना चाहिए। सन् 1994 में संयुक्त वेंचर के लिए दो भागीदार खोजे गए। तद्नुसार 50:50 फीसदी भागीदारी के साथ मैकडॉनल्ड इंडिया जनमी, जिसमें पैरेंट कंपनी के दो भागीदार हैं—एक हार्ड केस्टल रेस्त्राँ प्रा.लि. के अमित भाटिया जो दक्षिण व पश्चिमी भारत में मैकडॉनल्ड्स रेस्त्राँ शृंखला का संचालन करते हैं। दूसरे कनॉट प्लाजा प्रा.लि. के विक्रम बक्शी, जिनका कार्यक्षेत्र है उत्तर व पूर्वी भारत।

गौरतलब है कि इन भारतीय फ्रेंचाइजीस का दावा है कि मैकडॉनल्ड्स की शाकाहारी डिशेस शत प्रतिशत शाकाहारी है, जिनका किचन इक्विपमेंट्स बरतन भी अलग हैं। मैकडॉनल्ड्स भारत आई, तब ही फैसला हो गया था कि यहाँ गोमांस से बने हैंबर्गर और बर्गर सर्व नहीं किए जाएँगे। मैकडॉनल्ड्स इंडिया का भारतीय परंपरा व स्थानीय ग्राहकों के स्वाद के अनुरूप मैन्यू सन् 1999 में बनाया गया और कई नई फास्ट फूड डिशेस जनमी, जैसे मेकरेप, मेक

टिक्की बर्गर, भेलपुरी, बड़ा पाव, भजिया, पकौड़ा, मेक आलू, टिक्की बर्गर या मेकवेजी। यही नहीं, इनका 95 फीसदी कच्चा माल भी भारत से ही खरीदा जाता है, जबकि अन्य देशों में स्थित मैकडॉनल्ड्स रेस्त्राँ 30 से 40 फीसदी कच्चा माल ही स्थानीय स्तर पर खरीद रहे हैं, शेष आयात करते हैं। मैकडॉनल्ड्स इंडिया प्रतिदिन 3 लाख से ज्यादा भारतीयों को फास्ट फूड डिशेस सर्व कर रहा है। मैकडॉनल्ड्स इंडिया के भारतीय भागीदार कहते हैं कि हमने मैकडॉनल्ड्स की विश्वव्यापी रेस्त्राँ शृंखला को कई नई वेज डिशेस बनाया व सर्व करना सिखाया है।

पसंद पर खरी क्वालिटी

मैकडॉनल्ड्स का दावा है कि 20 चेक पॉइंट्स पर गहन जाँच-पड़ताल के बाद ही हर उत्पाद 'फर्स्ट-इन फर्स्ट आउट' आधार पर लोगों को सर्व किया जाता है। इन्हें पकाने में स्टेट ऑफ आर्ट कुकिंग उपकरण उपयोग किए जाते हैं। प्रत्येक कर्मचारी को फूड हैंडलिंग व फूड सेफ्टी की ट्रेनिंग दी जाती है। फास्ट फूड्स की कई डिशेस मैकडॉनल्ड्स की देन हैं।

कीर्तिमान के साथ परोपकार भी

मैकडॉनल्ड्स ने एक ही वर्ष (सन् 1984) में 5 करोड़ हैंबर्गर्स बेचने का कीर्तिमान बनाया है। मैकडॉनल्ड्स ने सन् 1961 में शिकागो में हैंबर्गर यूनिवर्सिटी स्थापित की तो सन् 1983 में इलीनॉय में 80 एकड़ भूखंड पर न्यू हैंबर्गर यूनिवर्सिटी जनमी जहाँ मैकडॉनल्ड्स स्टाफ को भी ट्रेनिंग दी जाती है। सन् 1984 में मैकडॉनल्ड्स कॉर्पोरेशन ने अपने संस्थापक रेमंड क्रॉक की स्मृति में एक चिल्ड्रन चैरिटी ट्रस्ट स्थापित किया है। रेमंड क्रॉक द्वारा सन् 1955 में इलीनॉय में स्थापित पहला फ्रेंचाइजी रेस्त्राँ अब म्यूजियम बना दिया गया है। मैकडॉनल्ड्स ने एक ही वर्ष (सन् 1984) में 5 करोड़ हैंबर्गर्स बेचने का कीर्तिमान बनाया है। मैकडॉनल्ड्स ने सन् 1961 में शिकागो में हैंबर्गर यूनिवर्सिटी स्थापित की तो सन् 1983 में इलीनॉय में 80 एकड़ भूखंड पर न्यू

हैंबर्गर यूनिवर्सिटी जनमी जहाँ मैकडॉनल्ड्स स्टाफ को भी ट्रेनिंग दी जाती है। सन् 1984 में मैकडॉनल्ड्स कॉर्पोरेशन ने अपने संस्थापक रेमंड क्रॉक की स्मृति में एक चिल्ड्रन चैरिटी ट्रस्ट स्थापित किया है। रेमंड क्रॉक द्वारा सन् 1955 में इलीनॉय में स्थापित पहला फ्रेंचाइजी रेस्त्राँ अब म्यूजियम बना दिया गया है।

A new twist !

For over 600 years, papers were clipped together by putting ribbon through parallel incision in the upper left hand corner of the pages. Finally in 1835, the straight pin invented by Howe provided an alternative. But it was a Norwegian inventor and patent clerk Johan Valeer who created the paper clip in 1901 and gave a much-needed twist to the loop papers saga. A simple piece of wire bent at the ends, that holds the sheets together perfectly.
Simple but effective ! Isn't it ? THINK PRACTICAL

Colgate

कोलगेट

किसान के बेटे का कमाल कोलगेट

एक साधारण किसान का बेटा क्या कमाल कर सकता है, इसकी मिसाल है कोलगेट पामोलिव कंपनी का इतिहास। दुनिया की सर्वाधिक प्रतिष्ठत कंपनियों में से एक कोलगेट की 200 साल पुरानी कहानी एक ऐसे परिवार की कथा है जिसने वाकई शून्य से सफर शुरू किया और उन शिखरों को छुआ, जो अनिर्मित और अविजित थे। कंपनी के ब्रांड से पहले आइए, इसके संस्थापक को जानें। इसके लिए हमें 18वीं सदी के ग्रेट ब्रिटेन की काउंटी ऑफ कैंट के हुलिंगबर्न में रहनेवाले रॉबर्ट कोलगेट परिवार के बारे में जानना होगा। 25

Colgate The pure red color & simple logo of Colgate shows it's 200-year history of strength and innovation that Colgate people have used to constantly transform our Company and identify new opportunities. With global brands sold in over 200 countries; Colgate is among the world's most recognizable household names, trusted and relied upon by consumers everywhere. Colgate has developed a powerful Branding Strategy which has significantly helped the Brand in acquiring substantial amount of share in the oral care market of India. In order to strengthen its' Brand Identity, Colgate is still restructuring its Branding Strategy.

जनवरी, 1783 को यहाँ रहनेवाले किसान रॉबर्ट कोलगेट के घर में जनमे पुत्र विलियम कोलगेट ने बचपन से ही वे सारे सबक सीख लिये थे, जो एक महान जीवन का आधार बन सकते हैं। पेशे से किसान विलियम पिता राजनीति में भी दिलचस्पी रखते थे । वह अमेरिका की आजाद नीतियों के कट्टर समर्थक थे और फ्रांस की क्रांतिकारी नीतियों में दिलचस्पी रखते थे। एक दौर ऐसा भी आया जब उनकी इस राजनीतिक सक्रियता के कारण उन्हें अपना देश हमेशा के लिए छोड़कर अमेरिका पलायन करना पड़ा। 1798 में जब कोलगेट परिवार अमेरिका के मैरीलैंड के हार्टफोर्ड के एक फार्म हाउस में बसने लगा तब विलियम 15 साल के थे। यहाँ जड़ें जमाने में परिवार को काफी समय लगा। पिता चाहकर भी परिवार को संतुष्ट नहीं कर पा रहे थे। हालात गरीबी के थे। विलियम वयस्क हुए तो उन्होंने जिम्मेदारियाँ सँभालने की जिद में न्यूयॉर्क की राह पकड़ ली।

1804 में 21 वर्ष के विलियम एक सपने के साथ न्यूयॉर्क आ गए। विलियम ज्यादा पढ़ाई नहीं कर पाए थे और इस वजह से नौकरी करना उनकी सोच से बाहर का था। उस पर न्यूयॉर्क जैसा बड़ा शहर उन्हें आसानी से रास नहीं आ रहा था। उन्होंने पिता को हमेशा उद्यम करते देखा और चाहते थे कि वह भी ऐसा ही करे।

न्यूयॉर्क में उन्होंने एक साबुन निर्माता (सोप-बॉयलर) के यहाँ बतौर प्रशिक्षु कॅरियर शुरू किया। वह उत्साह से भरे हुए थे और साबुन उत्पादन तकनीकों को बारीकी से सीखकर भविष्य की संभावनाओं को आधार दे रहे थे। यह सब सीखने के साथ-साथ वे अपने मैनेजमेंट की उन खामियों को भी समझ रहे थे जो वह दोहराना नहीं चाहते थे। उनके दिमाग में खुद की फैक्टरी व दुकान स्थापित करने का विचार पनपने लगा। उन्होंने बहुत जल्दी साबुन उद्योग के गुर व बाजार को समझकर अन्य शहरों के डीलरों से संपर्क बना लिये।

दो साल बाद जैसे ही उनका प्रशिक्षण समाप्त हुआ, उन्होंने न्यूयॉर्क शहर की डच स्ट्रीट पर एक छोटी सी दुकान लेकर खुद के बनाए साबुन, स्टार्च और मोमबत्तियाँ बेचना शुरू कर दिया।

यह वह दौर था, जबकि बाकी दुनिया आजादी की लड़ाई लड़ रही थी तो अमेरिकी जनता सभ्यता के नए कायदे बना रही थी। यह उन नए उद्यमियों के लिए सुनहरा मौका था, जो संघर्ष से सफलता पाने में यकीन रखते थे। इन्हीं में से एक विलियम कोलगेट ने कारोबार को तेजी से विस्तार देना तय किया, ताकि बाजार पर पकड़ मजबूत हो सके। कारोबार के दूसरे ही साल में उन्होंने फ्रांसिस स्मिथ नाम के कारोबारी से साझेदारी की और अपनी नई कंपनी का नामकरण 'स्मिथ एंड कोलगेट' किया। यह साझेदारी सन् 1812 तक चली, क्योंकि बाद में कोलगेट ने स्मिथ की हिस्सेदारी खरीद ली। इसी समय विलियम ने अपने भाई बॉल्स कोलगेट को कारोबार से जोड़कर कंपनी का नाम विलियम कोलगेट एंड कंपनी रख दिया। कारोबार जम रहा था और कोलगेट के गुणवत्ता भरे उत्पादन बाजार में पसंद किए जा रहे थे। 1817 में कोलगेट ने अपना पहला विज्ञापन न्यूयॉर्क के अखबार में जारी किया, जिसका अच्छा रिस्पांस भी मिला। अब बड़ा विस्तार करने का समय आ चुका था और इसीलिए उन्होंने वर्ष 1820 में न्यूजर्सी में नई फैक्टरी स्थापित की। यहाँ कोलगेट के दो प्रमुख उत्पाद विंडसर टॉयलेट सोप व पर्ल स्टार्च बनने लगे। कारोबार अमेरिका के दूसरे शहरों में भी फैलने लगा। दोनों भाइयों के संयुक्त उद्यम ने पारिवारिक कारोबार को कॉर्पोरेट साँचे में ढालना शुरू किया, ताकि उनके बाद भी कंपनी ठीक तरह से प्रगति कर सके। सबकुछ ठीक चल रहा था कि अचानक 25 मार्च, 1857 को खबर मिली कि विलियम कोलगेट नहीं रहे। उनकी मौत का कारण सार्वजनिक नहीं किया गया, जो आज तक कोलगेट परिवार का राज बना हुआ है।

अब कंपनी की जिम्मेदारी विलियम के बड़े बेटे सैमुअल ने सँभाल ली। उनके निर्देशन में ही कंपनी ने अपने वैश्विक भविष्य और विस्तार की बुनियाद रखी। कंपनी का नया नामकरण कोलगेट एंड कोलगेट किया गया। सन् 1860 के दौरान कोलगेट ने नए उत्पाद लाने की रणनीति बनाई। काफी अध्ययन और अनुसंधान के बाद कोलगेट ने ऐसे उत्पाद बनाना और बेचना शुरू किया, जो रोजमर्रा के जीवन की खास जरूरत थे। कंपनी ने स्टार्च के कारोबार को बंद कर ओरल केअर पर ध्यान केंद्रित किया। इसी क्रम में कंपनी ने सन् 1866 में

खुशबूदार साबुन, इत्र और 1873 में पहली बार टूथपेस्ट बाजार में उतारा, जो कि ट्यूब के बजाय एक जार में भरा था। कोलगेट के समानांतर कई

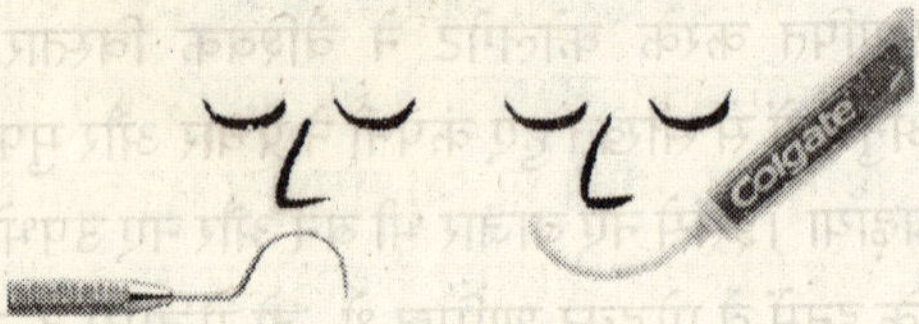

अन्य कंपनियाँ भी एफएमसीजी मार्केट में पैठ बना रही थीं। इनमें से प्रमुख थी पामोलिव कंपनी, जो कि 1864 में अमेरिका के विस्कोंसिस प्रांत के मिलवऑकी में बीजे जॉनसन ने स्थापित की थी। इसी तरह 1872 में पीट ब्रदर्स ने पारदर्शी साबुन बनाने के लिए एक सोप कंपनी स्थापित की और 1879 में न्यूजर्सी में मीनेन कंपनी स्थापित हुई। आगे चलकर अधिग्रहण-विलयन नीति के तहत ये तीनों कंपनियाँ कोलगेट के साथ मिला दीं। इस तरह इन-आर्गेनिक ग्रोथ करते हुए कोलगेट ने बहुत कम पूँजी की अपनी छोटी सी कंपनी को पूरे अमेरिका में फैला दिया। हालाँकि इस विस्तार में करीब 50 साल का समय लगा, लेकिन इस दौरान कोलगेट ने अपने प्रॉडक्ट पोर्टफोलियो को खासा बढ़ा लिया था। 1896 में कोलगेट ने टूथपेस्ट को ट्यूब में पैक करके बेचना शुरू किया। यह एक नई और बेहद सुविधाजनक ईजाद थी। बाजार में इसकी धूम मच गई और कोलगेट को बाजार में एक बड़ा हथियार मिल गया। सन् 1906 में जब कंपनी ने अपनी स्थापना के 100 साल पूरे किए तो इसके पोर्टफोलियो में 800 से ज्यादा प्रॉडक्ट थे। अब कंपनी की जिम्मेदारी सैमुअल कोलगेट के पाँच बेटे सँभाल रहे थे। जब कोलगेट ने पहली बार ट्यूब में टूथपेस्ट पेश किया तो उसका स्लोगन दिया गया—"We couldn't improve the product so we improved the tube."

बीसवीं सदी में कोलगेट ने वैश्विक विस्तार की नीतियों पर अमल शुरू किया। इसके लिए ऐसी नीतियाँ बनाई गईं जिससे कि कंपनी अच्छी ब्रांड इमेज के साथ सीधे कस्टमर से जुड़ सके। इसी क्रम में 1911 में कंपनी ने देश-विदेश के स्कूलों में 20 लाख टूथपेस्ट व ब्रश वितरित किए, ताकि नए कस्टमर उनका उपयोग सीख सकें। 1914 में कनाडा में पहली सब्सीडरी (सहायक कंपनी)

स्थापित करके कोलगेट ने वैश्विक विस्तार आरंभ किया। अमेरिका के अनुभवों से सीखते हुए कंपनी ने प्रचार और मुफ्त उत्पाद की रणनीति को आगे बढ़ाया ।इससे नए बाजार भी बने और नए उपभोक्ता भी जुड़े। खासियत यह थी कि इनमें वे प्रोडक्ट शामिल थे, जो रोजमर्रा के उपयोग में आनेवाली पारंपरिक चीजें थीं। 1920 में कोलगेट ने यूरोप, एशिया, लैटिन अमेरिका और अफ्रीका में बड़े विस्तार के लिए कदम बढ़ाए। जल्दी ही कंपनी ने ऐसी दर्जनों छोटी कंपनियों को अधिग्रहित कर लिया जो उभरते बाजारों में पैर जमा रही थीं। पूँजी जुटाने के उद्देश्य से 1930 में कोलगेट न्यूयॉर्क स्टॉक एक्सचेंज में सूचीबद्ध हुई। इसी दौरान कंपनी ने भारत जैसे देशों में विस्तार किया। भारत में कंपनी ने 1937 में प्रवेश किया और धीरे-धीरे इसी देश की बनकर रह गई। नई पीढ़ी तो कोलगेट को देसी कंपनी ही मानती है। बीसवीं सदी के मध्य तक कोलगेट को टक्कर देनेवाले कई प्रतिद्वंद्वी मैदान में जम गए थे। इनमें से एक थी अमेरिकी कंपनी प्रॉक्टर ऐंड गैंबल, जो कोलगेट के लिए चुनौती बनी हुई है।

दूसरे विश्वयुद्ध के बाद कोलगेट के कारोबार ने तेजी से जड़ें जमाईं। कंपनी ने सारे ऑपरेशन 300, पार्क एवेन्यू, न्यूयॉर्क सिटी से संचालित करते हुए कंपनी व कारोबार का प्रबंधन पुनर्गठित किया। 1953 में औपचारिक विलय के बाद कंपनी का नया नाम कोलगेट-पामोलिव हो गया, जो आज तक बना हुआ है। फैब डिटर्जेंट, अजाक्स क्लिंजर, कोल्ड पॉवर लॉंड्री डिटर्जेंट, पामोलिव डिशवाशिंग लिक्विड, अल्ट्रा ब्राइट टूथपेस्ट, बैगीज फूड व्रेप ऐसे कुछ उत्पादों के कारण 1970 तक कंपनी की वैश्विक बिक्री 1 अरब डॉलर तक पहुँच गई। 1970 के बाद डेविड फॉस्टर के निर्देशन में कोलगेट ने आक्रामक अधिग्रहण नीति अपनाते हुए ऐसी दर्जनों बड़ी कंपनियों को अधिग्रहित किया, जिसके कारण सैकड़ों उत्पाद कोलगेट के प्रोडक्ट्स पोर्टफोलियो का हिस्सा बन गए। सन् 1983 में कंपनी ने कोलगेट प्लस टूथब्रश बाजार में उतारा, जो बेहद सफल रहा। सन् 1990 के आते-आते कंपनी 5 अरब डॉलर की सालाना बिक्री करने लगी। हालाँकि इस दौरान कंपनी को कई बड़े उतार-चढ़ाव देखने पड़े, लेकिन उसकी साख बरकरार रही। बीसवीं सदी के अंतिम दशक में नए सीईओ रुबेन

मार्क ने कंपनी को मंदी, गिरती बिक्री और गलाकाट प्रतिस्पर्धा से उबारने के लिए कई कठोर फैसले लिये। 1997 में कंपनी ने कोलगेट टोटल टूथपेस्ट के रूप में एक ऐसा उत्पाद पेश किया, जिसकी साख आज तक बनी हुई है। 13 अरब डॉलर से ज्यादा की सालाना बिक्री के साथ एफएमसीजी उत्पादों के लिए कोलगेट दुनिया के 200 से ज्यादा देशों के एक अरब से ज्यादा लोगों की पसंद है और हर दिन हजारों प्रशंसक इसकी विश लिस्ट में जुड़ते जा रहे हैं।

लॉर्ड गॉड के नाम दसवाँ हिस्सा

जब कोलगेट परिवार ब्रिटेन से पलायन कर अमेरिका में बसा तो उनके लिए जीवन-यापन बड़ा मुश्किल हो गया। परिवार को सँभालने के लिए जब विलियम कोलगेट न्यूयॉर्क जाने लगे तो उन्हें देने के लिए पिता के पास कुछ न था, लेकिन उनकी माँ मैरी ने उन्हें एक संकल्प दिलाया कि जो भी करो, उसमें परमपिता ईश्वर को साथ रखो। यहाँ तक कि मुनाफे में भी उसे अपना भागीदार बनाओ, तुम्हें सफलता जरूर मिलेगी। माँ की सीख पर चलते हुए विलियम ने जब साबुन की दुकान से पहला डॉलर कमाया तो उसका दसवाँ हिस्सा यानी 10 सेंट ईश्वर के नाम पर दान कर दिया। आगे जब कारोबार बढ़ा तो बाकायदा ईश्वर के नाम 'लॉर्ड गॉड' अकाउंट खोला। उनकी इसी आस्तिक शक्ति और परोपकारिता के कारण उन्हें अमेरिका के शीर्ष सुधारवादियों में शुमार किया गया है।

कैडबरी

दो कमरों से सौ देशों में पहुँची कैडबरी

कैडबरी की सफलता वाकई सपनों जैसी लगती है। दो कमरों की एक दुकान से उठकर इसका दुनिया भर में पूरे अदब के साथ फैल जाना एक करिश्मा है। पर, यह सब कैडबरी ब्रदर्स की आगे बढ़ने की जिद के कारण। परिणाम! ऐसी मिठासवाली चॉकलेट बनाई, जिसे खाने के बाद दिल खुश हो गए।

बेरोजगार जॉन कैडबरी, ठिकाना 93 बुल स्ट्रीट

कैडबरी की कहानी जानने के लिए हमे लौटना होगा करीब 200 साल

In 1905 William Cadbury commissioned the first proper Cadbury logo. He was in Paris and chose Georges Auriol, who also designed the signs for the Paris Metro, to create the design. It was a stylized cocoa tree interwoven with the Cadbury name. The Cadbury script logo was based on the signature of William A Cadbury and first appeared on the transport fleet in 1921, than used on sales catalogues and designs. Till 1952 that it was used across major brands. Another crucial element was the 'Glass and a half' logo. It was originally used in 1928. First of all it was just on Cadbury Dairy Milk, but now it's the face of the company .

पहले के उस दौर में, जब ब्रिटेन दुनिया की एकमात्र महाशक्ति था। कहानी शुरू होती है एक क्वेकर* जॉन कैडबरी नाम के युवा कारोबारी से, जिसका छोटा सा परिवार ब्रिटेन के बर्मिंघम इलाके में रहता था। बेरोजगार जॉन कुछ काम शुरू करना चाहता था। काफी सोच-विचार के बाद उसने चाय, कॉफी और कोको-चॉकलेट ड्रिंक (कोका पेड़ के बीजों से बना एक तरह का ड्रिंक) बेचने के लिए एक छोटी सी दुकान शुरू की। सन् 1824 में बर्मिंघम के 93, बुल स्ट्रीट में शुरू हुई यह दो कमरों की दुकान आज दुनिया की सबसे बड़ी चॉकलेट-कन्फेक्शनरी कंपनी का रूप ले चुकी है। दुकान शुरू करने के साथ जॉन कैडबरी ने पाया कि ग्राहकों की चाय-कॉफी में कम और कोको पेय में ज्यादा रुचि थी। ज्यादा मुनाफा कमाने की दृष्टि से उसने अपना पूरा ध्यान कोको ड्रिंक पर लगाया। वह दुकान के दूसरे कमरे में खुद ही कोका बीज पीसता और पॉउडर के साथ नए प्रयोग कर ग्राहकों को लुभाता। उन दिनों कोका और चॉकलेट ड्रिंक पीना रईसों का शौक माना जाता था। वजह थी कि कोका के बीज सुदूर अमेरिका और अफ्रीकी देशों से मँगाने पड़ते थे, जो काफी खर्चीला सौदा था। बहरहाल, जॉन ने बर्मिंघम के रईसों के स्वाद की नब्ज पकड़ ली थी। जब कुछ पैसा जमा हो गया तो उन्होंने अपने कोका उत्पादों को चॉकलेट के नाम से प्रचारित करना शुरू किया। उन्होंने आक्रामक मार्केटिंग का सहारा लिया, जिससे जल्दी ही उनकी दुकान पूरे इलाके में मशहूर हो गई।

कैडबरी ब्रदर्स की साझेदारी और सूझ-बूझ

करीब 15 साल बुल्स स्ट्रीट की दुकान चलाने के बाद जॉन कैडबरी ने बड़े सपने देखना शुरू किए, जिसमें खुद की फैक्टरी लगाना सबसे पहला कदम था। चॉकलेट कारोबार को फैलाने के लिए उन्होंने अपने भाई बेंजामिन को साझीदार बनाया। अब वे कैडबरी ब्रदर्स ऑफ बर्मिंघम के नाम से मशहूर हो

---

* क्वेकर : क्रिश्चयन समुदाय की सोसायटी ऑफ फ्रेंड्स के सदस्य, जिन्हें तब विश्वविद्यालयों में प्रवेश नहीं मिलता था। अपनी धार्मिक आस्था के कारण फौज वे जॉइन नहीं करते थे, अतः क्वेकर्स तब अपना व्यवसाय करके जीवन-यापन करते थे।

गए थे। दोनों ने वर्ष 1840 में ब्रिटेन के ब्रिज स्ट्रीट इलाके में फैक्टरी स्थापित की। सन् 1842 में कैडबरी बंधु 11 किस्म के कोको और 16 किस्म के ड्रिंकिंग चॉकलेट बेचने लगे। उनका काम चल निकला और वे सफल उद्यमियों में गिने जाने लगे। 1850 में ब्रिटिश सरकार ने कोका बीजों पर

आयात शुल्क घटा दिया, जिससे उनका कारोबार और ज्यादा फलने-फूलने लगा। अपनी खास तरह की चॉकलेट और ड्रिंक्स के कारण वे जल्दी ही वे पूरे ब्रिटेन में मशहूर हो गए। 1854 में उन्हें एक शाही फरमान मिला, जिसमें लिखा गया था कि उनकी चॉकलेट क्वीन विक्टोरिया को भी पसंद है और कैडबरी ब्रदर्स को उनके लिए खास चॉकलेट बनाना है। यह एक बड़ी सफलता थी और ब्रांड को लोकप्रिय बनाने का बेहतरीन मौका भी। जॉन कैडबरी ने इस बात को प्रचारित किया और कैडबरी के नाम से ही फैलाने का निश्चय किया। कैडबरी के कोको एसेंस को कैडबरी बंधुओं ने 'पूरी तरह शुद्ध इसलिए सर्वश्रेष्ठ' के नारे के साथ प्रचारित किया। कोको एसेंस ही आज की चॉकलेट का आधार है।

कैडबरी बंधुओं ने मास्टर कन्फेक्शनर फ्रेडरिक किंकेलमेन को उत्पादों की रैसिपी के लिए नियुक्त किया। सन् 1861 में कारोबार को अच्छी तरह स्थापित करने के बाद जॉन कैडबरी ने सेवानिवृत्ति का फैसला किया, क्योंकि उन्होंने अपने दोनों बेटों रिचर्ड और जॉर्ज को अपनी जगह लेने लायक बना दिया था। हालाँकि इसके बाद भी नई पीढ़ी को कारोबार को आगे बढ़ाने में काफी मुश्किलें आईं। उस दौरान फ्रांस और स्विट्जरलैंड चॉकलेट कारोबार में ताकतवर बनकर उभरे थे। फ्रेंच चॉकलेट की क्वालिटी ने उसे बेस्ट इन द वर्ल्ड का दरजा दिला दिया, जो कैडबरी ब्रदर्स के लिए सपना था।

द बेस्ट की जिद, डेयरी मिल्क का जन्म

चॉकलेट उद्योग के लिए चुनौतियाँ नई थीं और कैडबरी की टीम को भी कोई विशेष अनुभव नहीं था। ऐसे में जॉन कैडबरी के पुत्रों ने पिता के पारंपरिक नुस्खे को नई तकनीकों के साथ आजमाया। द बेस्ट की जिद को पूरा करने के लिए कैडबरी ब्रदर्स ने नई तकनीक और नई प्रक्रिया से चॉकलेट बनाने की योजना बनाई। नई और बड़ी फैक्टरी लगाने की योजना ने 1879 में बोर्नविले नामक जगह में आकार पाया। इसके नतीजे भी अच्छे मिले और अब कैडबरी ने बाजार में टिके रहने लायक गुणवत्ता प्राप्त कर ली थी। उन्हें ऑस्ट्रेलिया जैसी जगहों से भी निर्यात के ऑर्डर मिलने लगे। इसी दौरान कैडबरी ने एक ऐसी चॉकलेट बनाई, जिसने कंपनी के साथ चॉकलेट उद्योग का भी कायाकल्प कर दिया। यह चॉकलेट थी डेयरी मिल्क, जो प्रयोग करते-करते अचानक ही बन गई थी। हुआ यूँ कि 1897 में जार्ज कैडबरी कोकोआ की डार्क चॉकलेट के साथ कुछ नया बनाने के लिए प्रयोग कर रहे थे।

उन्होंने उसमें कोको मक्खन, चीनी और मिल्क पॉउडर का पेस्ट मिलाया। मिश्रण को जब चखा गया तो इसमें कमाल का स्वाद था और जब इसे सुखाकर चखा गया तो स्वाद और ज्यादा अच्छा मिला। यह एक नए किस्म की चॉकलेट थी, जिसमें दूध-मक्खन की शक्ति और चीनी का स्वाद था। करीब 4 साल तक चली आर-एंड-डी के बाद परिष्कृत नुस्खा बड़े पैमाने पर अपनाया गया और इसका खूब प्रचार किया गया। इसके लिए तीन नाम सोचे गए—जर्सी, हाईलैंड मिल्क और डेयरी मैड। आगे चलकर डेयरी मैड डेयरी मिल्क में बदल गया। 1905 के दौरान कैडबरीज डेयरी मिल्क अपने खास स्वाद, नरम क्रीम जैसे रूप और चॉकलेटी महक के साथ यूरोप की बाकी मिल्क चॉकलेटों के लिए बड़ी चुनौती बन गई। अब कंपनी ने पूरा ध्यान डेयरी मिल्क पर दिया और आगे के दशकों में यह बेस्ट सेलिंग व ब्रांड लीडर बनकर उभरी तथा इसका वही दबदबा आज 100 साल बाद तक कायम है।

विश्वयुद्ध के दौरान कमाई गुडविल

विश्वयुद्ध के दौरान कैडबरी ने अपने सामाजिक दायित्वों का भी उदारता से निर्वहण करके 'गुडविल' कमाई। प्रथम विश्वयुद्ध में कैडबरी के 2,000 पुरुष कर्मचारियों ने फौज जॉइन की। कंपनी ने फौजियों को ऊनी कपड़े, पुस्तकें व चॉकलेट उपहार में भेजे तो उनके आश्रितों की मदद की। प्रथम विश्वयुद्ध के बाद कैडबरी की निर्यात आय बढ़ी और कंपनी ने तस्मानिया में फैक्टरी स्थापित की। इसी दौरान चॉकलेट लीडर कंपनी जे.एस. फ्राय एंड संस को अधिग्रहित किया। दूसरे विश्वयुद्ध के समय कैडबरी ने सरकार को अपनी चॉकलेट फैक्टरी को फौजी उपकरण बनाने के वर्क लम्स के लिए उपयोग करने हेतु सौंप दी। कैडबरी की एंबुलेंस ने हवाई हमले से घायल नागरिकों को भी अस्पताल पहुँचाया। इस सामाजिक सरोकार ने कैडबरी की गुडविल बढ़ाई। सैनिक और नागरिक चॉकलेट को आहार के रूप में सेवन करने लगे।

भारत में चॉकलेट लक्जरी उत्पाद माना जाता था, जिसे मांस-प्रोडक्ट बनाने का श्रेय कैडबरी को है। इसके लिए कैडबरी ने हर आय व आयु वर्ग के लिए कन्फेक्शनरी उत्पाद बनाए और अलग ही अंदाज में प्रमोट किया, जैसे—

कैडबरी डेयरी मिल्क—सन् 1905 में लॉञ्च हुई, पर 1998 में भारतीय परिवारों में यह खुशी और मौज-मजे का संदेशवाहक बनकर पहुँचा। चॉकलेट मार्केट में कैडबरी डेयरी मिल्क मार्केट लीडर है। इस हैसियत को बनाए रखने में 'पप्पू पास हो गया', 'कुछ मीठा हो जाए', 'क्या स्वाद है जिंदगी में' जैसे जिंगल्स ने अहम भूमिका निभाई है।

कैडबरी फाइव स्टार—यह चॉकलेट बार क्लासिक गोल्ड रंग से पहचानी जाती है तो इसे प्रमोट करनेवाले जिंगल्स हैं—'जिंदगी में ना रहे जब, कोई सपना सुहाना', 'दिल में जोश भर लो, तुम्हें कुछ है कर दिखाना', 'छू लो सितारों को अब दूर नहीं है मंजिल', 'जो खाए खो जाए'।

कैडबरी सेलिब्रेशंस—मिठाई व ड्राइ फ्रूट्स के गिफ्ट विकल्प के रूप में कैडबरी सेलिब्रेशंस को लोकप्रिय बनानेवाला जिंगल्स है—'रिश्ते पकने दो'।

कैडबरी टेम्पटेशंस—पाँच स्वादों की इस प्रीमियम चॉकलेट्स बार को कैडबरी इंडिया ने 'टू गुड टू शेयर' के सूत्र वाक्य के साथ लोकप्रिय बनाया है।

कैडबरी इनक्लेयर्स—कैडबरी इंडिया का यह दूसरा सबसे बड़ा ब्रांड है, जो क्रीम की अंदरूनी परत के कारण पसंद किया जाता है। इसे लोकप्रिय बनानेवाला जिंगल्स है—'कर दे दिल पे जादू'।

कैडबरी गेम्स—चमचमाते रंगीन चॉकलेट बटन्स को कैडबरी इंडिया ने 'फल खाओ मस्ती पाओ' के नारे के साथ बेचा व लोकप्रिय बनाया है।

कैडबरी बाइट्स स्नेक्स—सन् 2004-05 में कैडबरी बाइट्स को कैडबरी इंडिया ने साल्टी स्नेक्स मार्केट में 'स्वीट स्नेक्स' के रूप में इस पंच लाइन के साथ लॉञ्च किया—'हर स्नेक नमकीन नहीं होता'।

बोर्नविटा बेवरेजेस—कैडबरी के भारत आगमन (सन् 1948) के साथ कैडबरी बोर्नविटा भारतीय परिवारों में ऐसे माल्ट आधारित फूड के रूप में पहुँचा था, जो पोषण करता है और शरीर को ऊर्जा प्रदान करता है। इसे प्रमोट करनेवाला जिंगल्स है—'तन की शक्ति, मन की शक्ति—बोर्नविटा'।

हॉल्स—कैडबरी के इस उत्पाद की कफ ड्राप्स मार्केट में 50 फीसदी हिस्सेदारी है। हालाँकि यह शुगर कन्फेक्शनरी है, जिसमें मेंथो-लिप्टस फॉर्मूला उपयोग किया है। 24 देशों में 26 फ्लेवर्स के साथ हॉल्स सारी दुनिया में लोकप्रिय है। कहते हैं कि एक साल (सन् 2002) में 1 लाख टन खपत का कीर्तिमान बनाया है कैडबरी हॉल्स ने।

बबलू बबलबेरी—सन् 1984 में लॉन्च किया गया कैडबरी का यह बबलगम 25 देशों में लोकप्रिय है। इसने भी सबसे ज्यादा बिकनेवाले बबलगम का कीर्तिमान बनाया है।

हर मोरचे पर खरी मिठास

वस्तुत: कैडबरी बंधुओं ने अपना कारोबार विशुद्ध पारिवारिक तरीके से आगे बढ़ाया। वे लोगों के मनमानस से जुड़ते गए। दूसरी पीढ़ी ने जॉर्ज कैडबरी के नेतृत्व में शानदार और वैश्विक सफलता अर्जित की। इसके पीछे जॉर्ज की दूरदृष्टि, लगन और बेहतरीन प्रबंधन क्षमता थी। जब उन्होंने बोर्नविले में नई फैक्टरी लगाई तो अपने 2,500 कर्मचारियों को यह अहसास कराया कि वे भी कैडबरी परिवार का ही हिस्सा हैं। उनके लिए रहने-खाने, चिकित्सा, शिक्षा और प्रशिक्षण की बढ़िया सुविधाएँ फैक्टरी की 14 एकड़ जमीन पर ही जुटाई गईं। कर्मचारियों को पेंशन भी दी गईं, जिससे वे पूरी उम्र कंपनी के प्रति वफादार बने रहे। इसके अनुकूल नतीजे निकले और कैडबरी ने अपने उत्पादों में अपेक्षा से ज्यादा गुणवत्ता व स्वाद देने की नई परंपरा कायम की, जो आज तक वैसी ही बनी हुई है। 1920 के दशक में चॉकलेट कारोबार के समानांतर कैडबरी ने कुछ और नए कारोबार शुरू किए। इनमें जे.एस. फ्राय एंड संस का अधिग्रहण प्रमुख था। इससे फ्राय की मशहूर चॉकलेट ब्रांड कैडबरीज के बैनर तले आ गई। इसी दौरान कैडबरीज ने मिल्क ट्रे, कैडबरी फ्लैक जैसे नए ब्रांड लॉन्च किए, जो काफी सफल रहे। समानांतर कैडबरी डेयरी मिल्क का विकास भी जारी रहा। फलस्वरूप फ्रूट एंड नटवाली डेयरी मिल्क और एक नई चॉकलेट रोजेस लॉन्च की गई। दूसरे विश्व युद्ध के दौरान कैडबरीज की

चॉकलेट्स का सेवन काफी बढ़ गया। ब्रिटिश सरकार ने भी चॉकलेट को आवश्यक वस्तुओं की सूची में शामिल कर उसकी उपलब्धता और आपूर्ति पर नियंत्रण का फैसला किया। जापान पर अमेरिका के परमाणु हमले के बाद युद्ध खत्म हो गया और हालात सामान्य होने लगे तो कैडबरीज ने अपने विस्तार की नई रीति–नीति बनाई। इसके लिए नए बाजार तलाशे गए। नई फैक्टरियाँ लगाई गईं। नए उत्पाद और नई तकनीकों के साथ ऐसी प्रचार नीति लागू की गईं, जिससे चॉकलेट की माँग बढ़ सके। 70 फीसदी मार्केट शेयर के साथ कैडबरी आज दुनिया की सबसे बड़ी चॉकलेट (कन्फेक्शनरी) कंपनी है। सारी दुनिया में 70 हजार से ज्यादा लोगों को सीधे रोजगार उपलब्ध करवा रही है तो लाखों लोग इसके उत्पाद बेचकर धनोपार्जन कर रहे हैं।

आजाद भारत में कैडबरी का सफर

यही वह समय था, जब कैडबरीज ने भारतीय उपमहाद्वीप की ओर रुख किया। दिलचस्प बात है कि हमारे यहाँ नई पीढ़ी के लोगों को कैडबरीज अपने ही देश की लगती है। जबकि सच्चाई है कि जितनी पुरानी हमारी आजादी है, कैडबरीज का भारतीय इतिहास भी उतना ही पुराना है। अगस्त 1947 में भारत को गुलामी से मुक्ति मिली और ठीक एक साल बाद कैडबरीज ने भारत में दस्तक दी। शुरू में कंपनी का नाम कैडबरी फ्राय इंडिया लिमिटेड था, जो 1977 में बदलकर कैडबरी इंडिया प्राइवेट लिमिटेड हो गया। सैद्धांतिक रूप से देखा जाए तो खस्ताहाली में फँसे भारत जैसे देश में कैडबरी जैसी कंपनी को अपना भविष्य बनाने के लिए बहुत पापड़ बेलने पड़े हैं। विविधताओं से भरे हमारे देश में लोगों की मितव्ययिता में से चॉकलेट के लिए पैसे निकालना

हँसी-खेल नहीं है। पर, कैडबरी ने यह कर दिखाया। उसने शोध और विकास की वह नीति अपनाईं, जिससे चॉकलेट उन लोगों की भी पसंद बनी, जो बचत करने को कमाई करने के बराबर मानते हैं। भारत में कैडबरी ने कोको रिसर्च सर्विस शुरू की। पुणे के पास इंदूरी फार्म शुरू किया और दुधारू मवेशी पाले, जिससे डेयरी मिल्क को गुणवत्तावाला सस्ता दूध मिल सके। 1967 में कैडबरी ने फाइव स्टार और जेम्स जैसी सस्ती व छोटी चॉकलेट उतारकर बाजार की निचली पायदान तक जाने की कोशिश की। इसके ठीक दो साल बाद कैडबरी की अंतरराष्ट्रीय मूल कंपनी का स्विट्जरलैंड की स्कीवेप्स नामक बड़ी कंपनी के साथ विलय हो गया। नई कंपनी कैडबरी स्कीवेप्स पब्लिक लिमिटेड के रूप में सामने आई। स्कीवेप्स का सॉफ्ट ड्रिंक और जूस का पूरा बाज़ार नई कंपनी के हिस्से में आ गया और कैडबरी का प्रॉडक्ट-पोर्टफोलिया ऑर्गनिक ग्रोथ के जरिए कई गुना बढ़ गया। भारत में भी कैडबरी ने पैर जमा लिये तो चॉकलेट के साथ-साथ एप्पल जूस और आइसक्रीम के बाजार में भी कदम बढ़ाए। '90 के दशक में कैडबरी ने भारत में जहां क्रेकल, ऑरेंज, स्ट्राबेरी क्रिस्प, मेलो, वाइल्ड लाइफ बार जैसे चॉकलेट लॉञ्च किए तो इनरिच, बोर्नविटा जैसी प्रोटीन ड्रिंक और डोलप आइसक्रीम पेश की। 1988 में मध्य प्रदेश के भिंड जिले के मालनपुर में कैडबरी ने एक बड़ी फैक्टरी लगाई, जो बढ़ती माँग की आपूर्ति के लिए सही कदम सिद्ध हुआ।

रीयल टेस्ट से पप्पू तक

संक्षेप में कहें तो यह भारत में वह दौर था जब चॉकलेट का मतलब बच्चों के खाने की चीज या उन्हें बहलाने-फुसलाने का जरिया माना जाता था। कैडबरी ने अपने विज्ञापन कैंपेन से इस धारणा को खत्म किया। ऐसा ही एक जुमला था--'रीयल टेस्ट ऑफ लाइफ', जिसमें क्रिकेट के मैदान पर एक लड़की डांस करते हुए कैडबरी खाती थी। यह विज्ञापन कैंपेन इतना मशहूर हुआ कि इसे एड क्लब, मुंबई ने 'द कैंपेन ऑफ द सेंचुरी' का सम्मान दिया। इसके बाद कैडबरी का 'खानेवालों को खाने का बहाना चाहिए' कैंपेन भी

काफी चला। महानायक अमिताभ बच्चन को अपना ब्रांड एंबेसडर बनाकर कैडबरी ने 'कुछ मीठा हो जाए' और 'पप्पू पास हो गया' कैंपेन चलाया, जो काफी पसंद किया गया। मूल रूप से ये कैंपेन कैडबरी डेयरी मिल्क के लिए बने थे, पर इनकी छाया में पर्क, हॉल्स, इक्लेयर्स, सेलिब्रेशन और बाइट्स जैसे ब्रांड भी फले-फूले। 1998 में कैडबरी भारत में अपनी गोल्डन जुबली मनाने के बाद 60 बरस की हो चुकी है। चेयरमैन वायसी पाल व एम.डी. आनंद कृपालु के नेतृत्व में कंपनी में दो हजार कर्मचारियों की समर्पित टीम है, 5 फैक्टरियाँ, 4 सेल्स ब्रांच की पहुँच में है। 14 लाख से ज्यादा आॅउटलेट्स हैं। कंपनी को भारत की बेस्ट मैनेज्ड तथा इंडियाज़ टॉप 25 ग्रेट प्लेस टू वर्क का सम्मान भी मिला है।

वर्ल्ड ऑफ कैडबरी

कैडबरी दुनिया की नंबर 1 कन्फेक्शनरी कंपनी (चॉकलेट-कैंडी बनानेवाली कंपनी), नंबर 2 गम्स कंपनी (चिपचिपी-चबानेवाली कैंडीज़ बनानेवाली कंपनी)और तीसरे नंबर की बेवरेज कंपनी (जूस-सॉफ्ट ड्रिंक बनानेवाली कंपनी) है।

कैडबरी दुनिया की 200 साल पुरानी उन कंपनियों में से है, जिनकी प्रतिष्ठा उसके प्रॉडक्ट्स व ब्रांड्स हैं। आज कैडबरी के पोर्टफोलियो में दो दर्जन से ज्यादा ऐसे प्रॉडक्ट्स हैं जिनकी साख दुनिया भर में है। इनमें कैडबरी चॉकलेट्स, डेयरी मिल्क और इसके वेरिएंट्स, स्कीवेप्स ड्रिंक्स, ट्राइडेंट, डॉ पेपर, बोर्नविटा, हॉल्स, ट्रेबर, बासेट, 7 अप, कनाडा ड्राय, मॉट्स, सेलिब्रेशन, पर्क, पिकनिक जैसे ब्रांड प्रमुख हैं।

कैडबरी का कारोबार दुनिया के 200 से ज्यादा देशों में फैला हुआ है।

कैडबरी ने करीब 55,000 लोगों को प्रत्यक्ष और लाखों लोगों को अप्रत्यक्ष रूप से रोजगार दिया है।

कैडबरी ने बर्मिंघम में अपनी फैक्टरी के करीब एक अनूठा केंद्र बनाया है, जिसे 'कैडबरी वर्ल्ड' का नाम दिया गया है। यहाँ पर्यटकों और जिज्ञासुओं को शानदार ढंग से कैडबरी के अब तक के सफर से रूबरू कराया जाता है।

बॉर्नवीटा

तन की शक्ति, मन की शक्ति–बॉर्नवीटा

चॉकलेट के लिए दुनिया की दिग्गज कंपनी कैडबरीज को यदि बच्चों के दाँत खराब करने के लिए कोसा जाता है तो उसे बच्चों को सेहतमंद बनाने का श्रेय भी है। बॉर्नवीटा ड्रिंक के माध्यम से कैडबरीज पिछले 75 सालों से दुनिया भर की माँओं और बच्चों को सेहतमंद विकल्प उपलब्ध करवा रही है।

'बॉर्नवीटा' को हम एक ऐसे ड्रिंक के नाम से जानते हैं, जो खासतौर पर उन लोगों की पसंद है, जो अपने बच्चों के लिए संपूर्ण पोषण चाहते हैं। इसकी ब्रांडिंग की पंच लाइन 'तन की शक्ति, मन की शक्ति—बॉर्नवीटा' इसी तर्ज पर बनाई गई थी कि यह एक ऐसा 'हेल्थ ड्रिंक' है, जो 2 से 14 साल तक के बच्चों

Bournvita has been a market leader in the Health Drinks market as well as have a dominant share of the Chocolates market. The core values of the brand have been mental alertness and physical fitness for children who consume Bournvita daily. This layered with the great Cadbury chocolate taste has made the brand distinct from other offerings in the consumers mind. The brand was re-launched with a completely new identity in 2001. In its new avtaar, the brand had a new, bold logo, trendy packaging and enhanced Cadbury values through better pack graphics.

को स्वाद के साथ पोषण भी देता है। बॉर्नवीटा* कैसे, कहाँ और क्यों बना, यह जानने से पहले हम कैडबरी कंपनी की जड़ों की ओर, करीब 200 साल पहले के उस दौर में लौटते हैं जब ब्रिटेन दुनिया की एकमात्र महाशक्ति था।

कहानी शुरू होती है जॉन कैडबरी नाम के एक युवा कारोबारी से, जिसका छोटा सा परिवार ब्रिटेन के बर्मिंघम इलाके में रहता था। बेरोजगार जॉन कुछ काम शुरू करना चाहता था। काफी सोच-विचार के बाद उसने चाय, कॉफी और कोकोआ चॉकलेट ड्रिंक (कोका पेड़ के बीजों से बना एक तरह का ड्रिंक) बेचने के लिए एक छोटी सी दुकान शुरू की। सन् 1824 में बर्मिंघम के 93, बुल स्ट्रीट में शुरू हुई यह दो कमरों की दुकान आज दुनिया की सबसे बड़ी चॉकलेट कन्फेक्शनरी कंपनी का रूप ले चुकी है। दुकान शुरू करने के साथ जॉन कैडबरी ने पाया कि ग्राहकों की रुचि चाय-कॉफी में कम और कोकोआ पेय में ज्यादा थी। ज्यादा मुनाफा कमाने की दृष्टि से उसने अपना पूरा ध्यान कोकोआ ड्रिंक पर लगाया। एक तरह से इसी ड्रिंक को बॉर्नवीटा का पहला स्वरूप माना जा सकता है। जॉन दुकान के दूसरे कमरे में खुद ही कोका बीज पीसते और पॉउडर के साथ नए प्रयोग कर ग्राहकों को लुभाते। उन दिनों कोका और चॉकलेट ड्रिंक पीना रईसों का शौक माना जाता था। वजह थी कि कोका के बीज सुदूर अमेरिका और अफ्रीकी देशों से मँगाने पड़ते थे, जो कि काफी खर्चीला काम था। बहरहाल, जॉन ने बर्मिंघम के रईसों के स्वाद की नब्ज पकड़ ली थी। जब कुछ पैसा जमा हो गया तो उन्होंने अपने कोका उत्पादों को चॉकलेट के नाम से प्रचारित करना शुरू किया। उन्होंने खर्चीली मार्केटिंग का सहारा लिया, जिससे जल्दी ही उनकी दुकान पूरे इलाके में मशहूर हो गई।

करीब 15 साल बुल्स स्ट्रीट की दुकान चलाने के बाद जॉन कैडबरी ने बड़े सपने देखने शुरू किए, जिसमें खुद की फैक्टरी लगाना सबसे पहला था। चॉकलेट कारोबार को फैलाने के लिए उन्होंने अपने भाई बेंजामिन को साझीदार बनाया। अब वे कैडबरी ब्रदर्स ऑफ बर्मिंघम के नाम से मशहूर हो गए थे। दोनों

**बोर्नविटा शब्द 'बोर्नविले' नाम की जगह और वाइटेलिटी यानी जीवन शक्ति से मिलकर बना है। माना जाता है कि 25 ग्राम बोर्नविटा में 100 कैलोरी शक्ति होती है।*

ने वर्ष 1840 में ब्रिटेन के ब्रिज स्ट्रीट इलाके में अपनी फैक्टरी स्थापित की। उनका काम चल निकला और वे सफल उद्यमियों में गिने जाने लगे। 1850 में ब्रिटिश सरकार ने कोका बीजों पर आयात शुल्क घटा दिया, जिससे उनका कारोबार और ज्यादा फलने-फूलने लगा। अपनी खास तरह की चॉकलेट और ड्रिंक्स के कारण वे जल्दी ही वे पूरे ब्रिटेन में मशहूर हो गए। कारोबार को अच्छी तरह स्थापित करने के बाद उन्होंने अपने दोनों बेटों, रिचर्ड और जॉर्ज को अपनी जगह लेने लायक बना दिया था। नए उद्योग की चुनौतियाँ नई थीं और उनकी टीम को भी कोई विशेष अनुभव नहीं था। ऐसे में उन्होंने पिता के पारंपरिक नुस्खे को नई तकनीकों के साथ आजमाया। 'द बेस्ट क्वालिटी' की जिद को पूरा करने के लिए कैडबरी ब्रदर्स ने नई तकनीक और नई प्रक्रिया अपनाई। नई और बड़ी फैक्टरी लगाने की नई योजना ने 1879 में बोर्नविले नामक एक छोटे से कस्बे में आकार पाया।

बोर्नविले में फैक्टरी स्थापित करने के बाद कारोबार तेजी से बढ़ा। यहीं कैडबरी की सबसे मशहूर चॉकलेट 'डेयरी मिल्क' का आविष्कार हुआ और यहीं से कोको ड्रिंक चॉकलेट को 'बॉर्नवीटा' नाम भी मिला। यह एक दिलचस्प तथ्य है कि कोको ड्रिंक कैडबरी चॉकलेट से पहले आया, लेकिन इसे सही पहचान बॉर्नवीटा से ही मिली। बोर्नविले के बाद कैडबरी ब्रदर्स ने चॉकलेट के अलावा ऐसा ड्रिंक पॉउडर लाने की योजना बनाई, जो स्वाद के साथ पोषण भी दे सके। काफी शोध और कई विकल्पों को आजमाने के बाद सन् 1932 में कंपनी ऐसा प्रोडक्ट बनाने में सफल हो गई, जो पोषण की खूबियों से भरपूर था। कंपनी ने इसे एक खास तरह के बीकरनुमा जार में सूखे पॉउडर के रूप में पेश किया, जो ग्राहकों को काफी पसंद आया। कैडबरीज चॉकलेट के प्रशंसकों को तो यह प्रोडक्ट ज्यादा रास नहीं आया, लेकिन बॉर्नवीटा उन माँओं को खासतौर पर पसंद आया, जो दूध पीने में नखरा करनेवाले लाडलों के लिए ढेरों जतन करती थीं। ब्रिटेन और यूरोप के अन्य देशों में इस फॉर्मूले को हाथोहाथ ले लिया।

दूसरे विश्व युद्ध के बाद इस नए ब्रांड के विस्तार के लिए व्यापक रणनीति तैयार की गई। इसके तहत कंपनी ने एशिया और अफ्रीकी महाद्वीप के उन देशों का रुख किया, जहाँ कुपोषण की दर सबसे अधिक थी। 1948 में भारत में बॉर्नवीटा की लॉन्चिंग भी इसी रणनीति का नतीजा था । भारत में लॉन्चिंग के समय कंपनी का नाम कैडबरीज फ्राय इंडिया लिमिटेड था, जो बाद में कैडबरीज इंडिया प्राइवेट लिमिटेड हो गया। जब कैडबरीज ने भारत में कारोबार शुरू किया था तब देश बहुत खस्ताहाल था। 200 साल के स्वतंत्रता संग्राम और गरीबी के कारण कैडबरीज जैसी कंपनी के उत्पाद एक खास वर्ग की ही पहुँच में थे। करीब 30 साल तक कंपनी ने संघर्ष किया। हालात ४० के दशक से बदलना शुरू हुए।

1972 में कैडबरीज ने रेडियो क्रांति का सदुपयोग करते हुए पहली बार ऑल इंडिया रेडियो पर बॉर्नवीटा क्विज शुरू की, जो इसकी मार्केटिंग का सबसे मजबूत हथियार साबित हुई। जैसे ही '90 का दशक शुरू हुआ, कैडबरीज ने बॉर्नवीटा की मार्केटिंग को स्वाद और सेहत से जोड़ते हुए दो नए नारे दिए- 'ब्रॉट अप राइट, बॉर्नवीटा ब्राइट' और 'गुडनेस देट ग्रोज़ विद यू'। बॉर्नवीटा की भारत में सफलता का सफर इन्हीं दो नारों के साथ आगे बढ़ा है। परिणाम! देश के मध्यम आय वर्ग की जनसंख्या में बढ़ोतरी के साथ ही दर्जनों बहुराष्ट्रीय ब्रांड तेजी से आगे बढ़े हैं, जिनमें बॉर्नवीटा प्रमुख है। बीसवीं सदी के अंतिम दशक को एक बड़ी चुनौती के रूप में लेते हुए बॉर्नवीटा को री-लॉन्च किया गया। इसके मार्केटिंग मिक्स को पूरी तरह से नए ढंग से पेश किया गया। टी.वी. को ब्रांड प्रमोशन का नया हथियार बनाया गया। बॉर्नवीटा क्विज कांटेस्ट को डेरिक ओ'ब्रायन जैसे मशहूर होस्ट के माध्यम से पेश किया गया। बॉर्नवीटा की टीम एक साल में ढाई लाख बच्चों तक पहुँच गई और पूरे अभियान के तहत करीब 20 लाख बच्चों को 'तन की शक्ति, मन की शक्ति—बॉर्नवीटा' के मशहूर अभियान के साथ सामान्य ज्ञान के खजाने से रूबरू कराया गया।

नई सदी के शुरू होते ही बॉर्नवीटा के प्रोडक्ट मिक्स और मार्केटिंग

मिक्स में एक बड़े बदलाव की रूपरेखा बनाई गई। अपने जन्म से लेकर सन् 2000 तक बॉर्नवीटा का प्रचार ऐसे किया गया था कि पहले माँ उसे पसंद करे और फिर अपने बच्चों के लिए अपनाए। नए मार्केटिंग प्रमोशन में इस कैंपेनिंग उलट दिया गया। पहले बच्चे उसे पसंद करें और फिर माँ उसे अपनाएँ। दूध की उपलब्धता के आधार पर हमारे देश को दो प्रमुख हिस्सों में बाँटा जा सकता है। भारत के उत्तर-पश्चिमी हिस्से में दूध की अधिकता है, जबकि दक्षिण और पूर्वी में दूध कम मिलता है। कैडबरीज ने अपनी मार्केटिंग रणनीति इसी के आधार पर बनाई है। यह रणनीति बेहद कारगर रही है और नतीजा यह हुआ कि ब्राउन मिल्क फूड ड्रिंक के लगभग आधे बाजार पर बॉर्नवीटा का कब्जा हो गया है। 2006 में बॉर्नवीटा ने अपनी आधी सदी से चली आ रही पैकिंग और ब्रांड लोगो को बदल दिया। इस इंटरनेशनल ट्रेंडी पैकेजिंग के साथ पहली बार बॉर्नवीटा को फाइव स्टार मैजिक चॉकलेट के नए स्वाद के रूप में पेश किया गया। बॉर्नवीटा ने पोगो टी.वी. पर बॉर्नवीटा कॉन्फीडेंस अकेडमी भी लॉन्च की है। यह क्विज शो की ही तरह का एक अनूठा कार्यक्रम था, जिसमें बच्चों की प्रतिभा को निखारने के लिए एक आधार मिला। बॉर्नवीटा ने हाल ही में डी.एच.ए. प्रोटीन के साथ बढ़ते बच्चों के लिए खास प्रोडक्ट लिटिल चैंप लॉन्च किया है, जिसे सानिया मिर्जा के एड प्रमोशन के जरिए प्रचारित किया गया। वर्तमान में भारत के मिल्क फूड ड्रिंक बाजार पर बॉर्नवीटा की पकड़ है।

पिता जॉन कैडबरी ने अपना कारोबार विशुद्ध पारिवारिक तरीके से आगे बढ़ाया था, लेकिन दूसरी पीढ़ी में उनके बेटे जॉर्ज कैडबरी के नेतृत्व में कंपनी ने शानदार और वैश्विक सफलता अर्जित की है। इसके पीछे जॉर्ज की दूरदृष्टि, लगन और बेहतरीन प्रबंधन क्षमता थी। जब उन्होंने बोर्नविले में नई फैक्टरी लगाई तो अपने 2,500 कर्मचारियों को यह अहसास कराया कि वे भी कैडबरी परिवार का ही हिस्सा हैं। उनके लिए रहने-खाने, चिकित्सा, शिक्षा और प्रशिक्षण की बढ़िया सुविधाएँ फैक्टरी की 14 एकड़ जमीन पर ही जुटाई गईं। यहाँ तक कि कर्मचारियों को पेंशन भी दी गई, जिससे वे जीवनपर्यंत कंपनी के प्रति वफादार बने रहे। अनुकूल नतीजे निकले और कैडबरी ने अपने उत्पादों में

अपेक्षा से अच्छी गुणवत्ता व स्वाद देने की नई परंपरा कायम की, जो आज तक जारी है।

भारत में कैडबरी

सन् 1998 कैडबरी ने भारत में अपनी गोल्डन जुबली मनाने के बाद अब 60 बरस की हो चुकी है। 1980 के मॉस्को ओलंपिक में बॉर्नवीटा भारतीय टीम का ऑफिशियल ड्रिंक था। रितिक रोशन की मशहूर फिल्म 'कोई मिल गया' और 'क्रिश' में बॉर्नवीटा को सुपर हीरो का पसंदीदा ड्रिंक बताया गया था। चेयरमैन वायसी पाल व एम.डी. आनंद कृपालु के नेतृत्व में आज कैडबरीज कंपनी के पास करीब दो हजार कर्मचारियों की समर्पित टीम, 5 फैक्टरियाँ, 4 सेल्स ब्रांच हैं, जिनकी पहुँच 14 लाख से ज्यादा ऑउटलेट्स तक हैं। कंपनी को भारत की बेस्ट मैनेज्ड तथा इंडियाज टॉप 25 ग्रेट प्लेस टू वर्क का सम्मान भी मिला है।

Google

गूगल

100 अरब का खोजी नंबर 1 गूगल

सौ अरब डॉलर का ब्रांड—पलक झपकते ही इंटरनेट के अथाह सागर से ढेरों जानकारियाँ ढूँढ़ लानेवाला खोजी नंबर 'गूगल' अब दुनिया का सबसे बड़ा ब्रांड बन गया है। यह दिग्गज सर्च इंजन 100 अरब डॉलर मूल्य का स्तर पानेवाला पहला ब्रांड भी बन गया है। 'गूगल' ने यह उपलब्धि वैश्विक मंदी के ऐसे दौर में हासिल की है जहाँ पाई-पाई बचाने की जद्दोजहद चल रही है। वार्षिक ब्रांड्स टाप-100 की सूची के मुताबिक गूगल ने दिग्गज सॉफ्टवेयर कंपनी माइक्रोसॉफ्ट को पछाड़कर यह रुतबा हासिल किया है। माइक्रोसॉफ्ट का ब्रांड मूल्य 76.2 अरब डॉलर आँका गया है। 67.6 अरब डॉलर के ब्रांड मूल्य के साथ कोकाकोला ब्रांड पहली बार सूची में तीसरे पायदान पर काबिज है।

Google In 1998 Co-Founder & President of Google Sergey Brin created a computerized version of the Google letters using the free graphics program GIMP after learning how to use it. The exclamation mark was added, mimicking the Yahoo! logo. "There were a lot of different color iterations," says Ruth Kedar, the graphic designer who developed the now-famous logo. "We ended up with the primary colors, but instead of having the pattern go in order, we put a secondary color on the L, which brought back the idea that Google doesn't follow the rules."

पेंटागन से प्रेरित होकर जनमे इंटरनेट को दुनिया में आए दो दशक हुए हैं तो, गूगल ने 7 सितंबर, 2007 को अपना पहला दशक पूरा किया। दोनों एक-दूसरे के पर्याय बन गए हैं। इंटरनेट का इस्तेमाल जितना बढ़ रहा है, गूगल के शेयर भी उतने ही चढ़ रहे हैं।

19 अगस्त, 2004 को गूगल ने जब पहली बार शेयर बाजार में पैर रखा था, तब उसके शेयर 85 डॉलर में बिक रहे थे। तीन वर्ष बाद, नवंबर 2007 में, उछलकर 747 डॉलर पहुँच गए थे। इस समय इसके शेयर मूल्य 400 डॉलर की रेंज में चल रहे हैं।

विपरीत स्वभाव के दोस्तों की संतान

गूगल चमत्कारिक सफलता की एक ऐसी कहानी है, जो अमेरिका में कैलिफोर्निया की स्टेनफोर्ड यूनिवर्सिटी के दो छात्रों के बीच दोस्ती के साथ शुरू होती है। सेईगेई ब्रिन और लैरी पेज उस समय केवल 22-23 साल के थे, जब वे 1995 में पहली बार मिले थे। उस समय दोनों के बीच बिलकुल नहीं पटती थी। दोनों में बात-बात पर बहस हो जाया करती थी।

सेईगई ब्रिन और सैरी पेज के माता-पिता पढ़े-लिखे थे। पेज के पिता कंप्यूटर विज्ञान के प्रोफेसर थे तो माँ कंप्यूटर प्रोग्रामिंग भाषा की शिक्षिका। ब्रिन के माता-पिता मॉस्को में गणितज्ञ थे, 1979 में अमेरिका आकर बस गए थे। लैरी और सेईगेई को दोस्त बनाया एक समस्या ने। समस्या थी इंटरनेट जैसे सूचनाओं के महासागर में से किसी खास सूचना को कैसे ढूँढ़ा जाए? दोनों ने मिलकर एक सर्च-मशीन बनाई, एक ऐसा कंप्यूटर, जो कुछ निश्चित सिद्धांतों और नियमों के अनुसार किसी सूचना भंडार में से ठीक वह जानकारी ढूँढ़कर निकाल दे, जो हम चाहते हैं।

आधारभूत सिद्धांत यह था कि हाइपर लिंक द्वारा किसी वेबसाइट की ओर जितना ही अधिक इशारा किया गया हो, उतनी ही महत्त्वपूर्ण वह वेबसाइट होनी चाहिए। हम जिस शब्द, सूचना या प्रश्न के उत्तर की खोज कर रहे हैं, उसकी दृष्टि से इंटरनेट में उपलब्ध उपयोगी वेबसाइटों को छानकर उन्हें एक

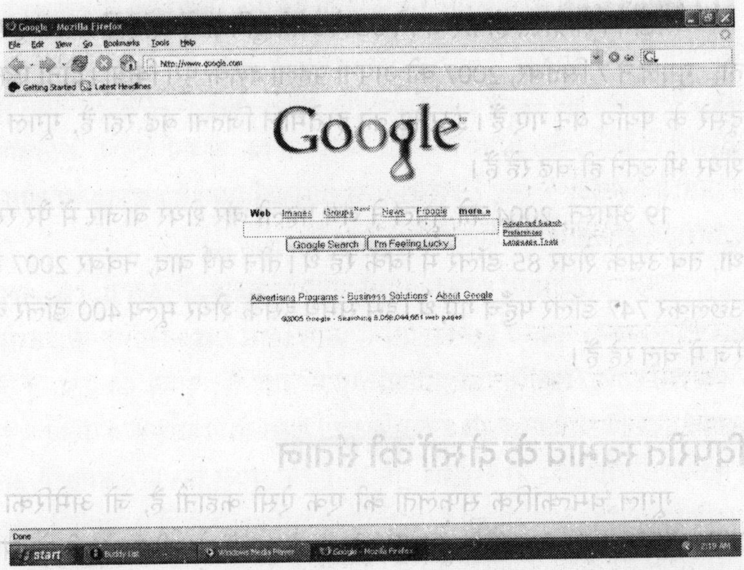

तर्कसंगत अनुक्रम में पेश करना वह गुत्थी थी, जिसे लैरी और सेईगेई ने मिलकर सुलझाया था।

ब्रिज और पेज ने अपने विश्वविद्यालय में ही आरंभिक परीक्षण किए और 11 लाख डॉलर धन जुटाया। 1 लाख डॉलर का एक चेक उन्हें जर्मनी के एक कंप्यूटर विशेषज्ञ ऐंडी बेश्तोल्सहाईम से भी मिला। दोनों ने 7 सितंबर, 1998 को गूगल इनकॉर्पोरेटेड के नाम से मेनलो पार्क, कैलिफोर्निया के एक कार गैरेज में कंपनी स्थापित की और काम शुरू कर दिया। दो ही वर्षों में गूगल का नाम सबकी जुबान पर था।

एक बेलगाम विश्व-शक्ति

जर्मनी में कंप्यूटर विज्ञान के एक प्रोफेसर डिर्क लेवांदोस्की का मत है कि याहू जैसे अपने अन्य प्रतियोगियों की तुलना में गूगल बेहतर नहीं है, लेकिन उसकी सार्वजनिक छवि ज्यादा अच्छी बन गई है। यही उसकी चमत्कारिक सफलता का रहस्य है।

गूगल ने इस बीच संसार भर में फैली हुई एक बहुराष्ट्रीय कंपनी का रूप ले लिया है। 17 हजार लोग उसके लिए काम करते हैं। इंटरनेट सर्च मशीन से शुरू कर अब वह ई-मेल, गीत-संगीत, फोटो और वीडियो सामग्री, भू-सर्वेक्षण नक्शों और मोबाइल फोन जैसी अनेक सेवाएँ प्रदान करनेवाली बहुप्रयोजन कंपनी बन गई है। लगभग सभी सेवाएँ मुफ्त हैं। कमाई का स्रोत है व्यावसायिक कंपनियों से मिलनेवाले विज्ञापन।

गूगल ने 2008 में अपनी 10वीं वर्षगाँठ मनाई थी अपना एक अलग इंटरनेट ब्राउजर लाकर। इसका नाम है क्रोम। उसे माइक्रोसॉफ्ट के इंटरनेट एक्सप्लोरर का सबसे तगड़ा प्रतिद्वंद्वी माना जाता है। गूगल का दावा है कि उसका इंटरनेट ब्राउजर क्रोम इंटरऐक्टिव किस्म के प्रयोजनों के लिए बहुत तेज और उपयोगी है, पर सच्चाई यह भी है कि गूगल कंप्यूटर जगत् में अब उस शिखर पर पहुँचना चाहता है, जहाँ माइक्रोसॉफ्ट पहले से है, यानी कंप्यूटर से संबंधित हर चीज उपलब्ध करना। गूगल के सहसंस्थापक सेईगेई ब्रिन के शब्दों में कहें तो—'गूगल का मिशन है दुनिया भर की सूचनाओं को सुव्यवस्थित करना और सर्वसुलभ करवाना। 1998 में जब हमने शुरू किया था, तब 3 करोड़ वेबसाइटें छान मारी थीं। आज हम कुछेक अरब वेबसाइटें छानते हैं।'

ऑस्ट्रिया के एक खोजी पत्रकार गेराल्ड राइशी ने गूगल की कार्यशैली पर जर्मन भाषा में एक किताब लिखी है। उसमें यही सिद्ध करने का प्रयास किया गया है कि 'गूगल एक बेलगाम विश्वशक्ति है'।

अत्यंत शातिर जासूस

राइशी के अनुसार, जब भी हम गूगल की सेवाएँ इस्तेमाल कर रहे होते हैं, गूगल हमारे बारे में ऐसी जानकारियाँ जमा कर रहा होता है, जिनकी हमें भनक तक नहीं होती। गूगल की Myspace या Xing जैसी साइटों पर जब हम अपने शौक, प्रिय संगीत या जन्मस्थान के बारे में प्रश्नों के उत्तर दे रहे होते हैं, गूगल के कंप्यूटर हमारे बारे में जानने में लगे होते हैं कि हम इंटरनेट की और

किन-किन साइटों पर गए, वहाँ हमने क्या खोजा या अपने क्या निशान छोड़े।

इस तरह गूगल चाहे तो हमारी निजी पसंद-नापसंद ही नहीं, हमारे सारे व्यक्तित्व का भी एक पूरा खाका तैयार कर सकता है। यह गूगल की एक सुविचारित युक्ति है कि हमें ललचा-लुभाकर अपनी साइट पर लाया जाए, ताकि हमारे बारे में ऐसी जानकारियाँ जमा की जा सकें, जिनका व्यापारिक लाभ उठाया जा सकता है। उसके लिए हमारे बारे में वे जानकारियाँ सबसे उपयोगी हैं, जिन्हें पाने में दूसरी कंपनियों की भी रुचि हो सकती है।

हम जिन सेवाओं को मुफ्त समझते हैं, गूगल को उन्हीं के बल पर कहीं और से कमाई होती है। अन्य कंपनियाँ हमारे बारे में जानकारियाँ उससे खरीदती हैं या उसे अपने विज्ञापनों के लिए पैसा देती हैं। विज्ञापन पर हर क्लिक के लिए गूगल 80 डॉलर तक वसूल करता है।

अमेरिकी पत्रिका 'फोर्ब्स' ने गत मार्च में लिखा कि गूगल के दोनों में से हर सहसंस्थापक के पास 19 अरब डॉलर के बराबर संपत्ति संचित हो गई है, लेकिन दोनों शान-शौकत से दूर सादी जिंदगी बिताते हैं, जींस और टी-शर्ट पहनते हैं, टोयोटा की छोटी कार प्रीयुस चलाते हैं और केवल 1 डॉलर का प्रतीकात्मक मासिक वेतन लेते हैं। गूगल के दोनों सहसंस्थापक चाहे जितनी सादगी से कॉलेज के नौजवानों जैसा जीवन बिताते हों, एक कंपनी के रूप में गूगल बेहद शक्तिशाली है। गूगल की सफलता इंटरनेट को नए मायने देने का दूसरा नाम है। गूगल न होता तो शायद आज इंटरनेट हमारे सामने वर्तमान स्वरूप में नहीं होता। यह गूगल ही था, जिसने सबसे पहले इसे बहुभाषी बनाया और इस रास्ते में जितनी रुकावटें थीं उन्हें दूर किया। सर्च इंजनों में यूनिकोड का सबसे पहले प्रयोग गूगल ने ही किया; जिसके कारण वह वेब दुनिया की अधिकांश भाषाओं का माध्यम बन गया।

जॉनसन ऐंड जॉनसन

मानवता का मान जॉनसन ऐंड जॉनसन

सन् 1886 का उत्तरार्ध था। इधर, भारत में कांग्रेस के उदय के साथ स्वतंत्रता आंदोलन ऊर्जावान् होकर नई राह पकड़ रहा था तो उधर अंग्रेज अपनी महारानी विक्टोरिया को बर्मा (अब म्याँमार) बतौर जन्मदिन के तोहफे में दे रहे थे। इस उथल-पुथल से दूर अमेरिका में एक शख्स संपूर्ण मानवता को तोहफा देने की तैयारियों में जुटा था। इस शख्स का नाम था रॉबर्ट वुड जॉनसन, जो पेशे से एक स्वास्थ्यकर्मी थे। वह उस दौर के साक्षी थे, जब लोग घावों के सड़ने से मर जाते थे। हवा के जरिए संक्रमण फैलानेवाले सूक्ष्म रोगाणुओं से निपटने का कोई कारगर उपाय नहीं था। घावों की ड्रेसिंग के जितने भी विकल्प

Johnson & Johnson was founded more than 120 years ago on a revolutionary idea: Doctors and nurses should use sterile sutures, dressings and bandages to treat peoples' wounds. Since then, J&J brought the world new ideas and products that have transformed human health and well-being. Robert Wood Johnson, former chairman from 1932 to 1963 and a member of the Company's founding family, crafted Credo himself in 1943, just before Johnson & Johnson became a publicly traded company. On September 5, 2007 Johnson & Johnson India celebrated 50 years of operations in India. The theme for the celebrations was "A Tradition of Caring".

थे, वे रूई से बनी पारंपरिक पट्टियाँ थीं, जो संक्रमण से बचा नहीं पाती थीं। अमीर देशों में तो लोग फिर भी बच जाते थे, पर गरीब देशों के हालात बहुत बुरे थे। भारत में लड़ाइयों और हादसों में घायल लोग घावों से तड़प-तड़पकर मर रहे थे। ऐसी घटनाओं ने इस अमेरिकी युवक रॉबर्ट वुड जॉनसन को बेचैन किया। उन दिनों चिकित्साकर्मी जोसेफ लिस्टर्स नामक वैज्ञानिक की कार्बोलिक एसिड छिड़काव पद्धति से लोगों को रोगाणुओं से बचाने की कोशिश करते थे। पर, वह तरीका कारगर नहीं था। रॉबर्ट वुड ने कठिन प्रयोगों के बाद ऐसी ड्रेसिंग बनाने में कामयाबी पा ली, जो इन सबकी तुलना में ज्यादा कारगर थी। इसमें रोगाणुओं से लड़ने के लिए उपयुक्त दवा थी और गोंद की ऐसी परत जिससे उसे घावों पर चिपकाया जा सकता था।

मिले तीन भाई, चल निकला कारोबार

रॉबर्ट ने अपने दोनों भाई जेम्स वुड और एडवर्ड मीड को साथ लेकर अपने फॉर्मूले को व्यवसाय में बदलने का निश्चय किया। तीनों भाइयों ने न्यूजर्सी के न्यूब्रंसविक इलाके में वॉलपेपर बनानेवाली एक फैक्टरी खरीदी और 14 कर्मचारियों को नौकरी पर रखकर ड्रेसिंग का व्यावसायिक उत्पादन शुरू किया। मेहनत और मानव सेवा संकल्प के साथ शुरू किया गया जॉनसन भाइयों का काम चल निकला। एक ही साल में उन्होंने व्यवसाय को कंपनी का रूप दे दिया। कंपनी का नाम रखा गया—जॉनसन एंड जॉनसन । ड्रेसिंग की माँग बढ़ते ही जॉनसन भाइयों ने उत्पादन बढ़ा दिया। करीब 5 साल में कंपनी ने ड्राय हीट स्टरलाइज बैंडेज बनाने शुरू कर दिए। जल्दी ही उन्हें पूरे अमेरिका से ऑर्डर मिलने लगे। कंपनी ने बैंडेज और ड्रेसिंग के प्रॉडक्ट पोर्टफोलियो को बड़ा किया। जॉनसन भाइयों ने रणनीति को ऐसे उत्पादों पर केंद्रित किया, जिनमें भविष्य की संभावनाएँ ज्यादा थीं। अमेरिकी लोग अपने बच्चों की परवरिश को लेकर कुछ ज्यादा ही चिंतित रहते हैं, इसलिए जॉनसन भाइयों ने इसी क्षेत्र में नए उत्पाद लॉञ्च किए। सबसे पहले सबसे ज्यादा खपतवाले टेल्कम पॉउडर पर ध्यान दिया। करीब दो साल की रिसर्च के बाद 1893 में

कंपनी ऐसा पॉउडर बनाने में सफल हो गई, जो बच्चों की कोमल त्वचा के लिए सुरक्षित था। हलकी खुशबूवाले इस महीन पॉउडर को कंपनी का ही नाम जॉनसन एंड जॉनसन पॉउडर दिया गया।

लांचिंग के कुछ ही महीनों में यह पाउडर पूरे अमेरिका में मशहूर हो गया। कंपनी ने अन्य प्रतिस्पर्धियों के उत्पादों को छोड़ते हुए अपने पॉउडर के बेहद सुरक्षित और गुणवत्तापूर्ण होने का जमकर प्रचार किया। यह उस दौर में बहुत ही 'कैची फंडा' था, जो उपभोक्ताओं को भा गया। पॉउडर की पैकेजिंग भी साधारण रखी गई, ताकि लागत न बढ़े। जॉनसन ऐंड जॉनसन पॉउडर एक प्रतिष्ठित ब्रांड बन गया, जिसकी धाक आज तक कायम है।

मानवता का मान, विश्व में पहचान

मानवता की सेवा के संकल्प के साथ बढ़ती कंपनी की प्रतिष्ठा 1906 में उस समय आसमान पर जा पहुँची, जब जॉनसन ऐंड जॉनसन ने सैन फ्रांसिस्को के भीषण भूकंप और आग के दौरान कुछ ही घंटों में दवाइयों व उपचार सामग्री से भरी एक ट्रेन भेज दी। इस निःशुल्क सहायता से सैकड़ों घायलों को समय पर मदद मिली, जिसे आज भी अमेरिकावासी अहसान के साथ याद करते हैं। अपने संस्थापक रॉबर्ट वुड के निर्देशन और दो अन्य भाइयों की मेहनत के दम पर कंपनी जल्दी ही अमेरिका की टॉप मेडिकल कंपनियों में शामिल हो गई। अब इसकी बाकी दुनिया पर नजर थी। लेकिन, सबकुछ इतना आसान कहाँ होता है? 1910 में रॉबर्ट वुड का असमय निधन हो गया और उधर प्रथम विश्वयुद्ध भी शुरू हो गया। अब कंपनी की कमान जेम्स जॉनसन के हाथ थी। 1916 में कंपनी ने चिकोपी मैन्यूफैक्चरिंग कॉर्पोरेशन को खरीदकर अपनी स्थिति मजबूत की। सन् 1919 में कंपनी ने कनाडा और 1924 में ब्रिटेन में दस्तक देकर विस्तार शुरू किया। नए बाजार की नई माँगों को देखते हुए कंपनी ने नई उत्पाद रणनीति बनाई। इसी के फलस्वरूप 1921 में कंपनी ने बैंड-एड नामक चिपकानेवाले बैंडेज और जॉनसन बेबी क्रीम लॉन्च किए। बैंडेज इतनी मशहूर हुई कि आज 90 साल बाद भी दुनिया बैंडेज को जॉनसन एंड जॉनसन

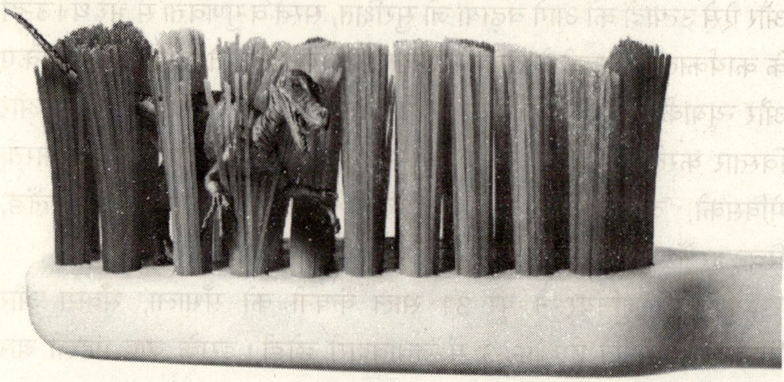

की बैंड-एड ब्रांड के नाम से ही जानती है। इसके करीब चार साल बाद महिलाओं के विशेष सैनेटरी नैपकिंस लॉन्च कर कंपनी ने कारोबार विस्तार के नए रास्ते खोले।

मिले जनरल, हुआ कायाकल्प

सन् 1932 में कंपनी को संस्थापक रॉबर्ट का हमनाम बेटा रॉबर्ट जॉनसन सँभालने लगा। वह 25 साल का युवा था और बहुत बड़े सपने देखता था। उसके मन में पिता के समान करुणा और दया भाव था। कंपनी का शीर्ष पद पाने के बाद रॉबर्ट ने अपने फैसलों से जॉनसन एंड जॉनसन को विश्व ख्याति दिलवाई। उन्होंने गरीबों, युद्ध-पीड़ितों और अपने कर्मचारियों की भलाई के कामों को तेजी से आगे बढ़ाया। दूसरे विश्वयुद्ध के दौरान कंपनी ने अपने उत्पादों को सेवा कार्यों में लगाया और घायलों की भरपूर मदद की। फलस्वरूप रॉबर्ट जॉनसन को ब्रिगेडियर जनरल की पदवी से नवाजा गया। कर्मचारियों ने उन्हें सम्मान-स्वरूप 'द जनरल' का नाम दिया। रॉबर्ट ने 1943 में कंपनी की सामाजिक जिम्मदारियों को चार क्षेत्रों में तय कर उसे संकल्प का रूप दे दिया जो आज तक कायम है। रॉबर्ट जूनियर ने ही कंपनी को दवाइयों, हाइजेनिक उत्पादों और टेक्सटाइल की ओर बढ़ाया।

उन्होंने दर्जनों कंपनियों का अधिग्रहण करके एक ठोस बुनियाद बनाई

और ऐसे उत्पादों को आगे बढ़ाया जो सुरक्षित, सस्ते व गुणवत्ता से भरे थे। उन्हीं के कार्यकाल में कंपनी ने खुद को पब्लिक लिमिटेड करते हुए शेयर जारी किए और न्यूयार्क स्टॉक एक्सचेंज में सूचीबद्धता प्राप्त की। पाँचवें दशक में और विस्तार करते हुए कंपनी ने नए अधिग्रहणों की नीति पर चलते हुए भारत, मेक्सिको, दक्षिण अफ्रीका, ऑस्ट्रेलिया, फ्रांस, बेल्जियम, आयरलैंड, स्विट्जरलैंड, ब्राजील और अर्जेंटीना में भी पैर जमा लिये।

रॉबर्ट जूनियर ने पूरे 31 साल कंपनी को सँभाला, सँवारा और विश्वव्यापी बनाते हुए 1963 में जवाबदारी छोड़ी। इसके बाद पहली बार कंपनी प्रमुख का पद जॉनसन परिवार से बाहर के व्यक्ति को सौंपा गया। नए प्रमुख थे फिलिप हॉफमैन जो बहुत हद तक अपने पूर्व मालिक रॉबर्ट जूनियर की तरह ही थे। उन्होंने भी कंपनी को नई ऊँचाइयाँ दीं। उनके ही कार्यकाल में कंपनी ने भारतीय उपमहाद्वीप में विस्तार किया।

भारत में पूरे पचास साल

आगे के दशकों में जेम्स बुर्क, रिचर्ड सेलर्स, डेविड क्लार्क, रॉल्फ एस. लार्सन, रॉबर्ट कैंपबेल, रॉबर्ट एन. विल्सन आदि ने जॉनसन ऐंड जॉनसन को सँभाला और विस्तार दिया। बीसवीं सदी के अंतिम दशक तक जॉनसन एंड जॉनसन 168 कंपनियों से बना एक ऐसा महाकाय ग्रुप बन चुका था, जो दुनिया के 53 देशों में प्रत्यक्ष और बाकी अन्य में अप्रत्यक्ष रूप से कारोबार करता था। नई सदी में ग्रुप की कंपनियों का आँकड़ा 200 के पार जा पहुँचा है। समूह में एक लाख से ज्यादा कर्मचारी हैं जो समर्पण भाव से कार्य करते हैं। चिकित्सा जगत् और घरेलू काम में आनेवाले दर्जनों उत्पादों में कंपनी नंबर वन पायदान पर है।

वर्तमान में जॉनसन एंड जॉनसन ऐसी कंपनी के रूप में अपनी साख बचाए हुए है, जिसके उत्पाद बच्चो तक के लिए बेहद सुरक्षित माने जाते हैं। अपनी सामाजिक जिम्मेदारियों के साथ कंपनी ने कभी समझौता नहीं किया। इसी वजह से वर्षों से ब्रांड्स उपभोक्ताओं व चिकित्सा सेवा से जुड़े लोगों की

पहली पसंद बने हुए हैं। 5 सितंबर, 2007 को कंपनी ने भारत में पचास साल पूरे करने का जश्न मनाते हुए 'अ ट्रेडिशन ऑफ केयरिंग' की परंपरा को नई ऊँचाइयों पर पहुँचाया है। भारत में कंपनी की बागडोर ए. वैधीश, एन.के. अंबावनी और राजन तेजुजा जैसे कुशल प्रबंधकों के हाथ में है। समूह का शीर्ष मुख्यालय न्यूब्रंसविक, न्यूजर्सी में ही है, जबकि भारत का मुख्य केंद्र मुंबई में है।

Key this in !

A printers' strike is what spurred on an American inventor Christopher Sholes to invent the typewriter. In 1867 after several unsuccessful attempts, Sholes along with his partners Soule and Glidden developed basic prototype with a key for each letter that struck upward onto a flat plate. This produce a carbon impression of each letter. With his gift, Sholes proved that every stubborn is latent opportunity, waiting to be exposed.
Have you looked for it ? THINK AHEAD !

निरमा

हाथी के कान में चींटी निरमा

आदमी पहले प्यार या पहले युद्ध में जीत के लिए जाना जाता है। करसनभाई एफ.एम.सी.जी. मार्केट में लीवर को हराने के लिए मशहूर हैं; पर उनकी वास्तविक उपलब्धि है, डिटर्जेंट को निर्धन व मध्यमवर्गीय महिलाओं तक पहुँचाना और उन्हें कपड़े पर साबुन रगड़ने व कूटने के झंझट से मुक्ति दिलवाना। करसनभाई ने साबित किया है कि महारथी प्रतिद्वंद्वी की ताकत से मत घबराओ। उसकी कमजोरी खोजो और हिम्मत करके हमला बोल दो। प्रतिद्वंद्वी बचाव करने लगे तो जीत का जश्न मनाओ और पलटवार करे तो समझ लो कि जीत की शुरुआत हो गई है। दूसरे शब्दों में, मोर्चा खोलो तो मैदान में डटे रहो, पलायन मत करो। हर ऊँट के लिए एक पहाड़ बना है। वह पहाड़ तुम वैसे ही हो सकते हो, जैसे लीवर के लिए करसनभाई।

Nirma's success is synonymous with its advertising and marketing strategy. When Karsanbhai Patel started selling his detergent powder, he decided to call it Nirma, derived from the name of his daughter Nirupama. The white dancing girl, featured in Nirma's television advertising, is perhaps the most enduring image of Nirma. Though Ms. Nirupama Patel passed away in a car accident, she continues to live on in the corporate logo and the best selling brands of the company.

प्रयास व प्रयोगों से बना पीला पॉउडर

अहमदाबाद को भारत की डिटर्जेंट कैपिटल बनानेवाले करसनभाई पटेल अत्यंत साधारण परिवार में जनमे हैं। थोड़े से स्थूलकाय करसनभाई गुजरात सरकार के खनन व भू-विज्ञान विभाग के पूर्व कारिंदे हैं। पुरानी हिंदी फिल्मों के रसिया करसनभाई '60 के दशक में एक सरकारी लेबोरेटरी में असिस्टेंट थे। एक दिन उन्हें सूझा कि महिलाओं के लिए कपड़े धोना मेहनत का घरेलू काम है। इसका कारण है हर कपड़े पर साबुन घिसना व मैल निकालने के लिए उनकी कुटाई करना। डिटर्जेंट पॉउडर इस समस्या का हल है। पर तब यह साधारण साबुन की तुलना में तीन गुना महँगा था, फलतः निर्धन व मध्यमवर्गीय परिवारों की पहुँच से बाहर था। करसनभाई के महत्वाकांक्षी उद्यमी मन-मस्तिष्क में समा गई एक बात। ऐसा सस्ता डिटर्जेंट बनाना है, जो किफायती हो और कारगर भी ? सरकारी नौकरी से घर लौटने के बाद वे घर के एक कमरे में कम लागत में डिटर्जेंट बनाने में जुट गए। कई महीनों के प्रयास व प्रयोगों से बनकर तैयार हुआ एक पीला पॉउडर। करसनभाई ने अपने बाथरूम में इस पॉउडर से स्वयं घर के गंदे कपड़े धोए और संतुष्ट हो गए तो ट्रायल

मार्केटिंग को निकल पड़े।

करसनभाई हर रविवार को साइकिल पर झोला लटकाकर अहमदाबाद की निर्धन बस्तियों में पहुँचते। वहाँ महिलाओं से सीधे बात करते। उनसे विनती करते कि साबुन के ही मूल्यवाले उनके पीले डिटर्जेंट को एक बार प्रयोग करें। परिणाम देखने के बाद ही अपनाएँ या रिजेक्ट करें। करसनभाई की सूझ-बूझ रंग लाई। महिलाओं से रिपीट ऑर्डर मिलने लगे तो करसनभाई ने अपने डिटर्जेंट पॉउडर को ब्रांडेड मार्केट में लॉञ्च करने की रणनीति बनाई।

'झाग के जादू' ने उड़ाई नींद

सन् 1969 में करसनभाई ने अपनी दिवंगत पुत्री निरमा के नाम से ब्रांडेड मार्केट में पीला डिटर्जेंट पॉउडर लॉञ्च किया। उन दिनों हिंदुस्तान लीवर 'सर्फ' 15 रुपए किलो बेच रहा था। निरमा का मूल्य था उससे एक-चौथाई—मात्र 3.60 रुपए किलो। बहुसंख्यक मध्यमवर्गीय परिवारों के साथ संपन्न लोगों ने निरमा को परखा तो पाया कि महँगा डिटर्जेंट व निरमा पॉउडर समान काम करते हैं, पर दोनों के मूल्य में भारी अंतर है। निरमा के इस 'झाग के जादू' ने हिंदुस्तान लीवर की नींद उड़ा दी। लीवर के एक बड़े और कमाऊ कारोबार में करसनभाई ने वैसे ही घुसपैठ की, जैसे चींटी हाथी के कान में घुसती है। लीवर को जब होश आया, तब तक निरमा घर-घर में घुस चुका था। इसके बाद लीवर की प्रशिक्षित मार्केटिंग टीम ग्राहकों को 'सस्ते-महँगे' व कथित 'अच्छे-बुरे' का अंतर समझाते-समझाते थक गई, पर सर्फ का खोया मार्केट आज तक नहीं लौटा। दूसरी तरफ करसनभाई एक के बाद एक पायदान

चढ़ते गए और निरमा 2,500 करोड़ रुपए की कंपनी बन गई। आज निरमा सालाना 8 लाख टन डिटर्जेंट उत्पाद बेच रही है और देश के 8 हजार करोड़ रुपए के वॉश-सोप व डिटर्जेंट मार्केट में इसकी हिस्सेदारी 35 फीसदी है।

40 करोड़ से ज्यादा की पसंद

25 फरवरी, 1980 को करसनभाई ने निरमा को प्राइवेट लिमिटेड कंपनी बना दिया। नवंबर 93 में वे इसका आईपीओ लाए। सन् 1990 में निरमा ने बॉथ सोप मार्केट में प्रवेश किया। यहाँ भी 65 फीसदी मार्केट हिस्सेदारी के साथ हिंदुस्तान लीवर सबसे अव्वल था। करसनभाई ने लीवर के लोकप्रिय ब्रांड्स पर सीधे हमला किया। लक्स की निरमा ब्यूटी से, लिरिल की निरमा लाइम से, ब्रीज की निरमा रोज से जंग हुई। करसनभाई आज 1 लाख मीट्रिक टन से ज्यादा बॉथ सोप बनाकर निरमा को इस भारी मुनाफेवाले मार्केट की दूसरी सबसे बड़ी कंपनी बना चुके हैं। निरमा का दावा है कि 40 करोड़ से ज्यादा भारतीय निरमा के विभिन्न प्रोडक्ट हर रोज उपयोग कर रहे हैं और वे ही निरमा ब्रांड के वास्तविक ब्रांड- एंबेसडर हैं।

केस स्टडी बन गई सफलता

दुनिया के प्रतिष्ठित बिजनेस स्कूल हार्वर्ड के छात्रों ने केस स्टडी की तरह निरमा लॉञ्चिग को पढ़ा है। दुनिया के मार्केटिंग गुरुओं ने 'करसन-करिश्मे' को उदाहरण बनाकर अपने छात्रों को 'मास-प्रोडक्ट' व 'ब्रांड' लॉञ्च करने के गुर समझाए और उपभोक्ताओं की 'मूल्य मानसिकता' की गूढ़ विवेचना की। मसलन, निरमा डिटर्जेंट की लॉञ्चिंग के पहले देशी-विदेशी कंपनियाँ क्षेत्रीय ब्रांड की उपेक्षा करती थीं और मानती थीं कि मौसमी बुखार है जैसे आया है, वैसे ही चला जाएगा। अपने बोर्ड रूम में 'लोकल ब्रांड' की वे चर्चा भी नहीं करती थीं। अब कोई 'करसनभाई' कहीं सिर उठाता है तो बहुराष्ट्रीय कंपनियों में खतरे की घंटी बजने लगती है। दिलचस्प

बात यह है कि बिल्ली के गले में घंटी बाँधनेवाले करसनभाई सहज मुसकान के साथ कहते हैं—'बहुत विचित्र हैं भारतीय और उनसे भी ज्यादा विचित्र है भारतीय मार्केट। यहाँ हर दस-बीस किलोमीटर के बाद बोली (भाषा), बोलने का लहजा (बातचीत), रहन-सहन, खान-पान और उसे सर्व करने का अंदाज बदल जाता है। अनेकता में एकता के सबसे बड़े संरक्षक भारतीय उपभोक्ताओं की नब्ज पकड़ना टेढ़ी खीर है। यहाँ कारोबार वही कर सकता है, जो उनके बीच रहा हो, जिसने उनके जैसा जीवन जिया हो।'

सस्ते का मतलब घटिया नहीं

संक्षेप में कहें तो भारतीय अपने पैसे का मूल्य वसूलने में बेहद माहिर हैं। उपहार, इनाम, एक के बदले दो या उधार जैसे मार्केटिंग फंडे उन्हें ज्यादा देर नहीं रिझाते हैं। वे ब्रांड नाम या विज्ञापन देखते हैं, लेकिन अपनी गाढ़ी कमाई खर्च करते समय यह भूल जाते हैं कि कौन सी चीज किसने बनाई और कहां बनी, कुटीर उद्योग में या स्टेट ऑफ द आर्ट कारखाने में। स्वदेशी सामान के पक्ष में नारे लगाने से वे पीछे नहीं हटते, पर इतने भोले व भावुक भी नहीं हैं कि देश-प्रेम के नाम पर कोई उन्हें ठग ले। दिलचस्प बात यह है कि मार्केटिंग के सारे गूढ़ मंत्र व सूत्र वे भारतीय ग्रामीण भी बेहतर जानते हैं, जिन्हें दुनिया निरक्षर, नादान, नासमझ व निरीह कहती है। यही कारण है कि यहाँ दुनिया के मार्केटिंग गुरु हार गए हैं। उन्हें परास्त किया है किसी कस्बे, गाँव के करसनभाई ने और उनके ब्रांड निरमा ने।

कितने चतुर हैं गुजराती वणिक करसनभाई। मार्केट पर अपनी पकड़ को मजबूत करने का वे कोई मौका नहीं छोड़ते। ग्राहकों को उन्होंने अपने अंदाज में समझाया है कि सस्ते का मतलब घटिया नहीं होता। निरमा के उत्पाद सस्ते इसलिए हैं कि हमारी लागत कम है। हम लक्जरी पर पैसा खर्च नहीं करते। हम अपने मुनाफे के लिए अधिकतम टर्नओवर पर फोकस करते हैं। करसनभाई का एक कथन कितना दिलचस्प है—'क्या करूँ, मजबूर हूँ,

यदि देश की 100 करोड़ आबादी तक खुद पहुँच सकता तो विज्ञापन पर एक पैसा भी खर्च नहीं करता।' यह कहते हुए क्या कहते हैं करसनभाई। उनका आशय है कि उत्पाद के मूल्य का एक हिस्सा वे विज्ञापन पर खर्च करते हैं। यदि ऐसा नहीं करना पड़ता तो वे निरमा ब्रांड के उत्पाद और भी सस्ते में बेचते।

Make your mark !

Back in 1770, breadcrumbs were the proffered means to erase pencil marks. Until an English engineer Edward Naime developed eraser. Once while working, he accidentally picked a piece of rubber instead of the lump of bread and put it to good use. Naime rubbed his way into history by helping us erase mistake easily.

Have you made your mark yet ?

THINK AGAIN !

NIVEA
नीविया

सीप का मोती नीविया

दुनिया के बाजार में एक ब्रांड का स्थापित करना उतना ही कठिन काम है जितना कि मोतीवाली सीप खोजना। नीविया ब्रांड की संघर्ष गाथा सच्चाई को बयाँ करती है। यह ब्रांड बना, खत्म हुआ और फिर से जिंदा हुआ। नीविया की कहानी किसी फिल्मी कहानी से कम नहीं है। यह लगभग सन् 1875-80 की बात है। जर्मन दुनिया की बड़ी औद्योगिक शक्ति के रूप में उभर रहा था। सैकड़ों जर्मन वैज्ञानिक अपनी प्रयोगशालाओं में दिन-रात खपाकर ऐसी ईजादें कर रहे थे, जिनपर बाकी दुनिया या तो हैरान थी या ईर्ष्या कर रही

NIVEA Nivea is a brand of a German based company Beiersdorf. Nivea is the world's leading producer of skin and body care products. The brand was developed in 1911 when Beiersdorf created a water-in-oil emulsifier as skin cream. The company's owner Oskar Troplowitz, gave name Nive which means Snow-White in Latin language. In 1924, Nivea remodeled its cream in a blue tin with a white logo. The logo of Nivea is one of the simplest logo ever seen. The logo just consists of a blue background and white simple typeface, this logo says all the things it wanted to say to its customers. The logo gives the feel of freshness and beauty and displays the brand uniqueness in the market as well.

थी। इन्हीं वैज्ञानिकों में से एक थे फार्मासिस्ट कार्ल पॉल बीयर्सडॉर्फ। बीयर्सडॉर्फ उत्तरी जर्मनी के एल्बे नदी के किनारे बसे शहर हैंबर्ग में रहते थे। चिकित्सा-विज्ञान की खोजों को लेकर उनका जुनून उनकी खूबी बन गया था। एक दड़बेनुमा कमरे की अपनी लैब में बीयर्सडॉर्फ मेडिकल साइंस खासकर घाव पर लगाई जानेवाली पट्टियों या प्लास्टर पर नित नए प्रयोग करते रहते थे।

यह वह दौर था जब दुनिया में हजारों मौतें सिर्फ घावों के सड़ जाने के कारण और संक्रमण के कारण हो रही थीं। एक दिन बीयर्सडॉर्फ ने अपनी लगन से ऐसा मेडिकेटेड बैंडेज बनाने में सफलता पाई, जो आगे चलकर मॉर्डन प्लास्टर टेक्नोलॉजी की बुनियाद बना। बीयर्सडॉर्फ ने इसका नाम 'गटाप्लास्ट' रखा और मार्च 1980 में अपने एक अन्य डॉक्टर मित्र डॉ. पॉल गर्सन उना के साथ मिलकर बीयर्सडॉर्फ एजी नाम की कंपनी स्थापित की। 1882 में बीयर्सडॉर्फ ने प्लास्टर पर अपने अधिकार को पुख्ता करने के लिए उसका पेटेंट करवाया और व्यावसायिक उत्पादन करने की योजना बनाई। एक ही साल के भीतर हैंबर्ग शहर के बाहर अल्टोना नाम की जगह में एक छोटी सी यूनिट स्थापित की और बैंडेज-प्लास्टर बनाने लगे। कुल 11 लोगों की टीम के दम पर बीयर्सडॉर्फ एक ही साल में करीब 50 अलग-अलग तरह के बैंडेज बनाने लगे, जो जल्दी ही पूरे जर्मनी में इस्तेमाल होने लगे। आगे के 5-6 साल में बीयर्सडॉर्फ ने अपनी व्यावसायिक बुद्धि के दम पर तेजी से डायवर्सीफिकेशन किया। 1890 के आते-आते उनकी कंपनी 100 से ज्यादा मेडिकल बैंडेज, साल्व्ज, स्टिक्स और साबुन जैसे प्रॉडक्ट्स बनाने लगी। तभी अचानक एक दिन बीयर्सडॉर्फ के 16 साल के एकमात्र बेटे ने आत्महत्या कर ली। बीयर्सडॉर्फ बुरी तरह से टूट गए और उन्होंने पूरे कारोबार को जर्मनी के ही 27 वर्षीय फार्मासिस्ट ऑस्कर ट्रोपलोविज को मात्र 70 हजार मार्क (जर्मन मुद्रा) में बेच दिया। 1 अक्टूबर, 1890 से ट्रोपलोविज ने कंपनी की कमान सँभाली और उन्हीं से शुरू हुआ नीविया ब्रांड का सफर। करीब 10 साल तक उन्होंने बीयर्सडॉर्फ के करीबी रहे लोगों के साथ मिलकर नई-नई ईजादें कीं। इनमें सबसे ऊपर नाम आता है चिपकानेवाले टेप टेसा और नीविया क्रीम का।

सन् 1900 में ट्रोपलोविज को यूसेरिट नामक ऐसे रसायन के बारे में जानकारी मिली, जो चेहरे की रंगत निखार सकता है। यह रसायन ऑस्ट्रेलिया में पाई जानेवाली एक खास किस्म की भेड़ के ऊन में पाए जानेवाले लेनोलिन नामक एक अन्य रसायन से बनाया जाता है। यह रसायन एक इमल्सीफाइंग एजेंट के तौर पर काम करता है और माना जाता है कि त्वचा को गोरा व चमकीला बनाता है। नीविया क्रीम का आधार है यूसेरिट रसायन, जो भेड़ से मिला। 1911 में पहली बार इस रसायन को पानी के साथ मिलाकर एक ऐसे लेप की शक्ल दी गई, जिसे चेहरे पर लगाया जा सकता था। इस प्रकार बने प्रोडक्ट का ब्रांड नेम लैटिन शब्द 'निवेअस' के नाम पर 'नीविया' रखा गया, जिसका अर्थ होता है—बर्फ जैसा उजला। यह एक नया व असरदार प्रयोग था। कंपनी ने इसके पेटेंट अधिकार प्राप्त किए और इसे बेचने के लिए नए बाजार तलाशने शुरू किए।

कंपनी ने यूरोप और अमेरिका में अपने ऑफिस स्थापित कर विस्तार नीति पर अमल किया। 1913 तक कंपनी का आकार अपने 1890 के आकार से 30 गुना और मुनाफा 12 गुना बढ़ गया। कारोबार को सँभालने के लिए ट्रोपलोविज ने अपने साथ अपने साले हैंस मेंकीविक्ज को जोड़ा। इस नई जोड़ी ने मात्र 10 साल में दुनिया के विकसित देशों में बीयर्सडॉर्फ को स्थापित कर दिया। सन् 1918 में काल ने फिर से एक बार अपना असली रूप दिखाया। कंपनी के कर्ता-धर्ता ऑस्कर ट्रोपलोविज और उनके साले हैंस मेंकीविक्ज मात्र 6 महीने के अंतराल में असमय ही स्वर्गवासी हो गए। पीछे कोई नहीं था, जो इस पारिवारिक विरासत को सँभाल सके।

कंपनी को कुछ समय ऑस्कर ट्रोपलोविज की पत्नी फ्रॉउ ने सँभाला, लेकिन मजबूरन 1922 में कंपनी को लिमिटेड कंपनी बनाना पड़ा। विली

जैकबसन् कंपनी के नए प्रमुख बने। इसी साल कंपनी ने दुनिया का पहला सेल्फ-एडेसिव प्लास्टर 'हैंसाप्लास्ट' के नाम से लॉञ्च किया गया, जो आज तक एक प्रतिष्ठित ब्रांड बना हुआ है। 1924-35 में नीविया क्रीम की सुध ली गई और इसे नए नीले पैकिंग में सफेद रंग के लोगो के साथ री-लॉञ्च किया गया। दिलचस्प तथ्य यह है कि नीविया के लिए नीला रंग इसलिए अपनाया गया था कि वह उस दौर में सामाजिक तौर पर सबसे ज्यादा मान्य रंग माना जाता था। आज करीब 85 साल बीत जाने के बाद भी नीविया का नीले-सफेद रंग के प्रति वही प्रेम बरकरार है। नीला-सफेद रंग नीविया का ब्रांड कलर बन चुका है। 1930 तक आते-आते बीयर्सडॉर्फ मेडिकल प्लास्टर, टेप्स, नीविया क्रीम, टूथपेस्ट, लेबेलो लिप बाम, टेनिंग ऑइल, शेविंग क्रीम, शैंपू और फेशियल टोनर जैसे दर्जनों एफ.एम.सी.जी. प्रोडक्ट भी बनाने लगी थी। कंपनी हैंबर्ग स्टॉक एक्सचेंज में लिस्टेड हो गई थी तथा दुनिया भर में अपनी 20 उत्पादन इकाइयों के साथ तेजी से आगे बढ़ रही थी।

उत्तराधिकारियों के संकट से उबरी कंपनी एक बड़ा कॉरपोरेट समूह तो बन गई, पर जर्मनी की राजनीति के बिगड़ते हालात के कारण मुश्किलों में फँसती जा रही थी। जर्मनी में नाजीवाद आ रहा था। हिटलर का उदय हो रहा था। पूरे देश में यहूदी लोगों के खिलाफ आंदोलन खड़े हो रहे थे। बीयर्सडॉर्फ पर भी मुसीबत आई, क्योंकि इसके ज्यादातर यहूदी या गैर नाजी समर्थकों को पद व देश दोनों ही छोड़ने पड़े। विली जैकबसन् को भी हॉलैंड में शरण लेनी पड़ी। तमाम मुश्किलों के बावजूद कंपनी ने हार नहीं मानी, लेकिन आगे के दस साल में हिटलर के उदय व बरबादी के साथ ही विश्व युद्ध की विभीषिका में बीयर्सडॉर्फ का पूरा कारोबार लगभग तबाह हो गया।

1945 में जब युद्ध खत्म हुआ तो हैंबर्ग की हेडऑफिस व तमाम फैक्टरियाँ तबाह हो चुकी थीं। मित्र देशों के जर्मनी पर नियंत्रण के बाद दुनिया के अन्य देशों ने बीयर्सडॉर्फ और नीविया ब्रांड पर या तो प्रतिबंध लगा दिए या उस पर अपने नाम का ठप्पा लगा दिया। अब सबकुछ लगभग शून्य से शुरू करना था। यह ऐसी चुनौती थी, जिसमें पाने के लिए सबकुछ था, पर खोने के लिए कुछ नहीं। यही सकारात्मक विचार लेकर आगे बढ़े बीयर्सडॉर्फ के प्रबंधकों ने अगले 10 साल में समूह को फिर से खड़ा कर दिया। मित्र देशों की सेनाओं के प्रतिबंध खत्म होने के बाद कंपनी ने तेजी से विस्तार किया। इस दौरान टेसा सेल्फ एडेसिव टेप, डिओ सोप, एट्रिक्स हैंड क्रीम और नीविया ब्रांड से जुड़े अन्य उत्पाद बाजार में उतारे गए।

1963 में कंपनी ने नीविया मिल्क ब्रांड से लिक्विड नीविया क्रीम लॉन्च किया जिसकी पंचलाइन 'ऑल-ओवर बॉडी केयर' थी। बदलते जमाने की बदलती लाइफ स्टाइल के हिसाब से नीविया ब्रांड को स्थापित करने के व्यापक 'ओनली मी' एड-कैंपेनिंग शुरू की गई। 1974 में पूरे समूह का पुनर्गठन चार शाखाओं—कॉस्मेड, मेडिकल, फार्मा और टेसा में करके नई जान फूँकने की कोशिश की गई। 1980 के बाद से कंपनी ने एशिया में खासकर भारत और चीन जैसे देशों में नीविया ब्रांड को स्थापित करने की पहल शुरू की। इसके साथ ही यूरोप व अमेरिका में अपने टेप व मेडिकल प्रोडक्ट को स्थापित किया। 1992 में कंपनी ने नीविया को लेकर ब्यू हार्मनी नाम का एड कैंपेन चलाया जो आज तक जारी है। बीसवीं सदी के अंतिम 20 साल में नीविया बीयर्सडॉर्फ समूह की ब्रांड आइडेंटिटी बन चुकी थी। इसी दौरान समूह ने स्विट्जरलैंड के ला पैरी, जुवेना ब्रांड, अमेरिका के फ्यूचुरो ग्रुप जैसे बड़े अधिग्रहण किए और इनॉर्गनिक ग्रोथ के जरिए विश्वव्यापी विस्तार किया। सन् 2000 तक आते-आते कंपनी का टर्नओवर 3 अरब डॉलर सालाना था, जो आगे के 10 साल में लगभग दुगुना हो गया है। वर्तमान में कंपनी दुनिया के करीब 100 देशों में अपनी मौजूदगी दर्ज करा रही है।

नई सदी में भारत जैसे तेजी से उभर रहे बाजारों में नीविया ने अच्छी पकड़

बना ली है। भारत के 2,000 करोड़ रुपए के स्किन केअर बाजार में हालाँकि अभी हिंदुस्तान यूनीलीवर की धाक है, फिर भी नीविया इंडिया को उम्मीद है कि वह अगले तीन सालों में मुनाफा कमाने लगेगी। फिलहाल कंपनी निवेश चरण में है। कंपनी ने वितरक भागीदार जे.एल. मोरिसन् से दिसंबर 2007 में अपने संयुक्त उद्यम को खत्म कर दिया है और जर्मन की बीयर्सडॉर्फ के पूर्ण स्वामित्ववाली सहायक कंपनी बन गई है। कंपनी 2010 तक अपनी बिक्री 600 करोड़ रुपए पहुँचा देना चाहती है, जबकि 2008 में कंपनी ने करीब 200 करोड़ रुपए की बिक्री की है। नीविया की मार्केटिंग प्रमुख सोमा घोष का कहना है, 'हम अपने वर्तमान उत्पाद पोर्टफोलियो को बेहतर बनाने में जुटे हुए हैं, जिसमें मुख्य तौर पर महिलाओं के चेहरे की देखभाल, डीओड्रेंट और पुरुषों की त्वचा की देखभाल से जुड़े उत्पाद हैं। हम इस श्रेणी में बेहतर किए गए वैरिएंट्स और नए उत्पाद लॉञ्च करेंगे।' एसी नीलसेन रिटेल मेजरमेंट सर्विसेस के अनुसार, बतौर ब्रांड नीविया ढाई लाख रिटेल स्टोरों में जगह बनाए हुए है। नीविया के सभी कारोबार को मिला दिया जाए तो इसका हिस्सा सभी ब्रांडों में 5 प्रतिशत से भी कम है, सिवाय नीविया की पुरुषों के लिए गोरे होने की क्रीम के, जिसका हिस्सा है 14.6 प्रतिशत।

NOKIA
Connecting People

नोकिया

दिलों को जोड़ता नोकिया

'अजी साहब, मोबाइल फोन तो नोकिया से बढ़िया कोई हो ही नहीं सकता। इतना टिकाऊ और मजबूत है कि बच्चे ने छत से फेंक दिया, तब भी कुछ नहीं हुआ और इसकी बैटरी के तो कहने ही क्या!' ऐसी बातचीत एक ऐसी मॉउथ पब्लिसिटी है, जो सूचना क्रांति के दौर के सबसे प्रतिष्ठित ब्रांड 'नोकिया' के साथ पिछले 15 साल से जुड़ी है। दिलचस्प बात यह है कि इस ब्रांड के बारे में कंपनी कम और ग्राहक ज्यादा प्रचार करते नजर आते हैं। फिर चाहे वह अखबारों के पन्ने हो, टी.वी. का परदा हो, रिव्यू वेबसाइटें हों या इंटरनेट पर ब्लॉग लिखनेवाले ही क्यों न हों, सभी नोकिया का गुणगान करते नजर आते हैं। ऐसे में जानकर हैरानी होगी कि आज दुनिया की दूसरी सबसे बड़ी मोबाइल निर्माता कंपनी अखबारी कागज बनानेवाली एक छोटी सी पेपर-मिल थी।

NOKIA Connecting People Nokia' in Finnish means means a dark, furry animal we now call the Pine Marten weasel. However, this has little to do with the current business and brand image. The origin of the company name, can rather be attributed to the setting up of the wood pulp mill (set up by Knut Fredrik Idestam), on the banks of Nokianvirta river in the town of Nokia. The evolution and the meaning of the logo is unclear due to the changing business over the years.

फिनलैंड का फ्रेडरिक, नोकिया ब्रांड

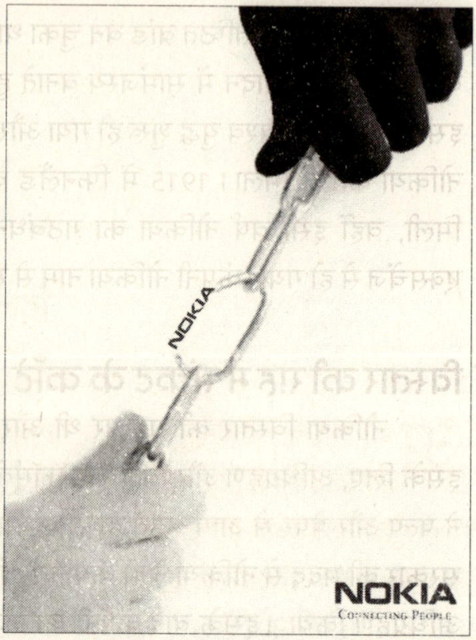

दुनिया के टॉप ब्रांड 'नोकिया' की असली कहानी जानने के लिए आइए, दुनिया के एक दूसरे कोने में चलते हैं। विश्व के नक्शे पर यूरोप को देखें तो इसके उत्तर में फिनलैंड नाम का एक ऐसा देश स्थित है, जिसे धरती का सबसे खूबसूरत, शांत और स्वच्छ हिस्सा माना जाता है। इससे भी बढ़कर यह ऐसा राष्ट्र है, जहाँ सबसे कम भ्रष्टाचार पाया गया है। 'रीडर्स डाइजेस्ट' पत्रिका के एक सर्वे के अनुसार फिनलैंड दुनिया में रहने के लिए सबसे अच्छी जगह है। इसी देश के पश्चिमी हिस्से में नोकियनविर्ता नदी के तट पर एक छोटा सा कस्बा है 'नोकिया' और यहीं से निकला है नोकिया ब्रांड। गौर करने लायक तथ्य है कि इस कंपनी के उदय और विकास की कहानी हमारे देश के टाटा ब्रांड से बहुत कुछ मिलती है।

नोकिया की बुनियाद आज से करीब 142 साल पहले नट फ्रेडरिक इदेस्तेम नाम के एक माइनिंग इंजीनियर ने रखी थी। फिनलैंड प्राकृतिक संपदा से भरपूर देश है और इसीलिए इस इंजीनियर ने उसके दोहन के लिए नोकिया कंपनी बनाई। सन् 1866 में नोकिया नदी के तट पर, नोकिया कस्बे में, नोकिया कंपनी का लकड़ी से कागज बनानेवाली पेपर मिल के रूप में उदय हुआ। इंजीनियर फ्रेडरिक इसके बैनर तले बने अच्छी क्वालिटी के कागज को रूस, ब्रिटेन और फ्रांस को निर्यात करने लगे। यह वह दौर था, जब फिनलैंड सोवियत गणराज्य के अधीन था और दुनिया औद्योगिक क्रांति की राह पर थी। ऐसे में

नोकिया ने नई तकनीकों और उत्पादन प्रक्रियाओं को अपनाकर उद्योग जगत् में अपनी खास पहचान बनाई। बीसवीं सदी के उदय होते-होते नोकिया फिनलैंड ही नहीं, यूरोप का प्रतिष्ठित ब्रांड बन चुका था। आगे के सफर में कंपनी ने पेपर क्वालिटी और उत्पादन में सामंजस्य बनाते हुए अपनी साख को बचाए रखा। इसी दौरान प्रथम विश्व युद्ध शुरू हो गया और इसका फायदा फिनलैंड के साथ नोकिया को भी मिला। 1915 में फिनलैंड को जहाँ सोवियत सत्ता से मुक्ति मिली, वहीं इसी वर्ष नोकिया का गठबंधन राजधानी हेलसिंकी के स्टॉक एक्सचेंज से हो गया। कंपनी नोकिया नाम से सूचीबद्ध हुई।

विस्तार की राह में संकट के काँटे

नोकिया विस्तार की राह पर थी और नए कारोबार फैलाने जरूरी थे। इसके लिए, अधिग्रहण और विलय के फॉर्मूले को अमल में लाया गया। कंपनी ने पल्प और पेपर से आगे बढ़ते हुए रबर और केबल को अपनाया। फिनलैंड सरकार की मदद से नोकिया ने दो कंपनियों, फिनिश रबर और केबल वर्क्स का अधिग्रहण किया । इसके बाद कंपनी का प्रॉडक्ट पोर्टफोलियो काफी बड़ा हो गया और यह फिनलैंड की प्रमुख निर्यातक कंपनी के रूप में उभरी। अब नोकिया पेपर के साथ टायर, रबर, जूते-चप्पल, केबल और भारी मशीनरी जैसे उत्पाद बनाने लगी थी। 1966 तक नोकिया इन सभी प्रॉडक्ट जोन में शीर्ष कंपनियों के साथ खड़ी थी। सोवियत गणराज्य और फिनलैंड के बीच एक नया करार हुआ था, जिसमें फिनलैंड को रबर व मशीनरी के बदले कच्चा तेल मिलता था। आपूर्ति संतुलन बनाए रखने की शर्त पर हुई इस डील से नोकिया को काफी फायदा हो रहा था। फिनलैंड के कुल निर्यात में उसकी करीब 12 फीसदी हिस्सेदारी थी। '70 के दशक में अचानक ही तेल संकट उभर आया। अरब और इजरायल के बीच हुए घमासान युद्ध का खामियाजा पूरी दुनिया ने भुगता। तेल के दाम चढ़े, तो रूस के तेवर भी चढ़ गए। अब वह फिनलैंड से ज्यादा माल लेने लगा, पर तेल कम देने लगा। ऐसे में नोकिया के उत्पादों का अवमूल्यन होने लगा। कंपनी संकट में थी और कोई तारणहार चाहिए था।

तारणहार बने काइरामो

काफी सोच-विचार के बाद सन् 1975 में कॉरपोरेट व्यवस्था में बदलाव कर सी.ई.ओ. का पद सृजित किया गया और यह जवाबदारी कारी काइरामो को सौंपी गई, जो एक कुशल मैनेजर साबित हुए। काइरामो ने कोर टीम के साथ कई मीटिंग्स कीं, फैक्टरियाँ और बाजार देखे तथा कर्मचारियों से संवाद बनाया। उसने काफी अध्ययन किया और निष्कर्ष निकाला कि अब नोकिया फिनलैंड के हिसाब से बहुत बड़ी कंपनी बन गई है। अब इसकी शाखाओं का विस्तार जरूरी है, पर नए कारोबार के साथ। उनका आकलन था कि नोकिया हैवी इंडस्ट्रीज जोन में बहुत कुछ कर चुकी है, पर अब ये कारोबार भारी पड़ने लगे हैं। दुनिया कलर टी.वी. के साथ रंगीन सपने देखने लगी है, तो अब नोकिया को भी इलेक्ट्रॉनिक्स के मैदान में उतरना चाहिए। यह एक बड़ा, दूरगामी लेकिन जोखिम भरा फैसला था। संभवत: इस शख्स ने 30 साल आगे की दुनिया देख ली थी। यह एक बड़ा, दूरगामी लेकिन जोखिम भरा फैसला था। सी.ई.ओ. काइरामो ने कंपनी बोर्ड के सामने प्रस्ताव रखा कि हमें पुराने कारोबार या तो बंद करने होंगे या फिर उनका कायाकल्प करना होगा। स्थापित कारोबारी चोला उतारने और नया ओढ़ने की यह प्रक्रिया बहुत धीमी, खर्चीली और खतरों से भरी थी। काफी जोर-आजमाइशों के बाद काइरामो की योजना को अमल में लाया गया। नोकिया के मशीनरी डिवीजन का रोबोटिक ऐंड ऑटोमेशन के आधुनिकीकरण किया गया। केबल डिवीजन का फाइबर ऑप्टिक्स में और फॉरेस्ट्री डिवीजन का हाइ-ग्रेड टिश्यूज कारोबार में कायाकल्प किया गया। कॉरपोरेट ढाँचे में बदलाव करते हुए इन तीनों कंपनियों को मिलाकर नोकिया ग्रुप बना। यह ठीक वैसा ही था जैसा भारत में टाटा ग्रुप की कमान सँभालने के बाद रतन टाटा ने किया।

नोकिया ने बदला चोला

80 के दशक में दुनिया में दो चीजों की सबसे ज्यादा गूँज थी—टेलीविजन और टेलीफोन। दुनिया में स्थिरता थी और नई सदी के सपने

बुने जाने लगे थे। नोकिया ने इस माहौल को भाँपते हुए रणनीति बनाई और पूरा कारोबार डिजिटल तकनीकों व इलेक्ट्रॉनिक्स में बढ़ाने का फैसला किया। कंपनी ने दुनिया भर के बेस्ट तकनीशियनों व इंजीनियरों को जोड़ा और उन्हें अच्छे पद-वेतनमान दिए। नोकिया ने करीब 20 कंपनियों का अधिग्रहण कर एक ठोस नेटवर्क खड़ा कर लिया। इनमें उत्तरी यूरोप की सबसे बड़ी टी.वी. निर्माता कंपनी 'सलोरा' और 'लक्जर' प्रमुख थीं। टेलीफोन सेगमेंट में नोकिया का पहला धमाका था, 'नोकिया डीएक्स—200', जो एक डिजिटल स्विच था, जिससे टेलीफोन एक्सचेंज का काम बड़ा आसान व व्यवस्थित हो जाता था। इंटेल कंपनी के माइक्रोप्रोसेसरवाले इस कंप्यूटर नियंत्रित उपकरण ने दुनिया भर के टेलीफोन एक्सचेंजों में क्रांति ला दी। दाद देनी होगी नोकिया के टेक्नोक्रेट्स की दूरदृष्टि की, जो इस उपकरण का आज भी कोई विकल्प नहीं है।

मोबाइल, मौत और मुसीबतें

1980 के दौर में जब दूसरी इलेक्ट्रॉनिक कंपनियाँ कंप्यूटर बनाने की ओर कोशिश कर रही थीं, नोकिया ने मोबाइल फोन की राह पकड़ी। नोकिया ने नॉर्डिक मोबाइल टेलीफोन नेटवर्क स्थापना का काम हाथ में लिया। यह ऐसा पहला इंटरनेशनल सेल्यूलर नेटवर्क था, जो स्वीडन, डेनमार्क, नॉर्वे और फिनलैंड को जोड़ता था। 1981 में यह नेटवर्क शुरू हुआ, जो कि नोकिया के लिए टर्निंग पॉइंट बन गया। नोकिया ने एक फिनिश मोबाइल कंपनी 'मोबिरा' का अधिग्रहण कर मोबाइल निर्माण क्षेत्र में पहला कदम रखा। हालाँकि उसे अपना कारोबार बढ़ाने में काफी मुश्किलें आ रही थीं, क्योंकि दुनिया में मोबाइल रखना तब सिर्फ रईसों के बूते की बात थी और नेटवर्क सीमित था। इसी दौरान नोकिया को एक और बड़ा झटका कंपनी प्रमुख कारी काइरामो की आत्महत्या से लगा। बताया जाता है कि उन्होंने बढ़ते तनावों की वजह से अपनी जान दे दी। उनकी जगह ली सिमो वुइरिलेट्टो ने, जिन्होंने पूरे कारोबार को काइरामो के विजन पर नई ऊर्जा से आगे बढ़ाया। नोकिया और अमेरिका

की टैंडी कॉरपोरेशन ने संयुक्त उद्यम के रूप में दक्षिण कोरिया में पहली मोबाइल फोन निर्माण कंपनी स्थापित की गई। कंपनी ने एशिया की ओर कदम बढ़ाए ही थे कि नई मुसीबतें शुरू हो गईं। सोवियत संघ टूट गया,

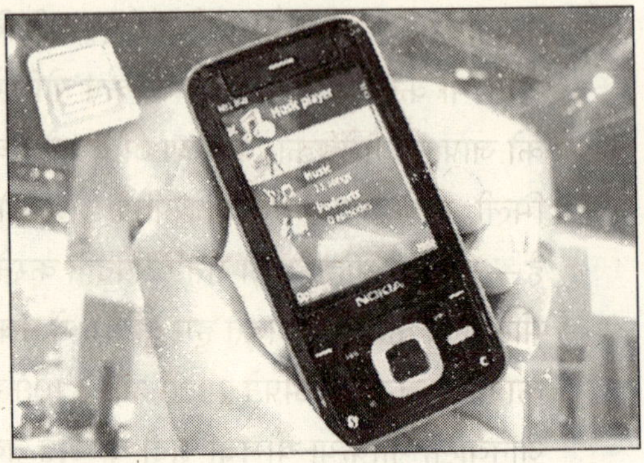

फिनलैंड की बैंकिंग व्यवस्था चरमरा गई और जापान व कोरिया जैसे अग्रणी देशों ने नोकिया के इरादे भाँपते हुए अपने उत्पादों के दाम घटा दिए। कंपनी को भारी घाटा हुआ, पर पीछे तो नहीं लौटा जा सकता था। नोकिया ने एक बार फिर व्यवस्था बदली और जोरमा ओलिलिया को नया प्रमुख बनाते हुए नोकिया-मोबिरा इंक की बागडोर सौंपी, जो आगे नोकिया मोबाइल फोन लिमिटेड कंपनी बनी।

घाटे से फायदा, नंबर वन नोकिया

भारत के रतन टाटा की ही तरह ओलिलिया ने बहुत बड़े फैसले लेते हुए नोकिया का कायाकल्प कर दिया। उन्होंने घाटे में चल रही सभी यूनिटों को बेच दिया और बेतरतीब फैले कारोबार को केंद्रीकृत किया। उन्होंने करीब 45 फीसदी सरप्लस कर्मचारियों को सेवामुक्त करने का जोखिम उठाकर भारी नाराजगी का बोझ भी ढोया; पर वे डिगे नहीं और आखिरकार नोकिया को पूरी तरह मोबाइल कंपनी बनाकर फायदे में ले आए। कंपनी ने आर. ऐंड डी. शुरू की और वर्ष 1993 में पहला ऐसा फोन बाजार में लाई, जो गुणवत्ता व दाम दोनों के हिसाब से बेहतरीन था। मात्र पाँच साल में नोकिया की बिक्री दोगुनी होकर करीब 37 अरब फिनिश मरक्का (अब यूरो) हो गई। जहाँ 1992 में नोकिया

73 करोड़ के घाटेवाली कंपनी थी, वहीं 1995 में वह 2.2 अरब के मुनाफेवाली कंपनी बन गई। इसके पीछे था एक ही विजन—नोकिया हार नहीं मानेगी। आगे भी कई मुश्किलें आईं, लेकिन नोकिया ने कठोर फैसले लिये। नोकिया को जापान, अमेरिका, कोरिया और यूरोप की दर्जनों कंपनियों से कड़ी टक्कर मिली, लेकिन उसने सबको पीछे छोड़ा तो उसके पीछे सिर्फ एक ही कारण है—नोकिया ग्राहकों को संतुष्टि प्रदान करनेवाला ब्रांड है। 1998 में नोकिया ने मोटारोला को पीछे छोड़ते हुए दुनिया में नंबर वन मोबाइल निर्माता कंपनी होने का गौरव जुटाया। अपने 2100 और 6100 सीरीज के मोबाइल से दुनिया में छा जानेवाली नोकिया बीसवीं सदी के अंत तक करीब 7.5 करोड़ फोन सालाना बेचने लगी थी और उसने करीब 27 फीसदी बाजार पर कब्जा जमा लिया था। कंपनी की बिक्री 50 फीसदी और मुनाफा 75 फीसदी बढ़ गया था। नई सदी के पहले दशक में नोकिया ने बाजार पर पूरी तरह कब्जा जमा लिया, जो आज तक बरकरार है। नित नए मॉडल और सेवाओं के कारण नोकिया उपभोक्ताओं की पहली पसंद है। नोकिया की एन-सीरीज और आई-फोन की टक्कर के नए मॉडल दुनिया भर में धूम मचा रहे हैं। नोकिया ने मोबाइल के साथ-साथ इंटरनेट सेगमेंट को भी खूब भुनाया है। कंपनी ने डिजिटल तकनीकों को हर आदमी के बजट में पहुँचाने की अपनी कोशिशों में डेटा, इंटरनेट, इ-मेल, फैक्स जैसी तमाम सेवाओं को बहुत आसान व सस्ता बना दिया है।

सबसे अच्छा नोकिया का हिंदोस्ताँ

भारत में नोकिया के पहले कदम 1995 में पड़े। भारत में मोबाइल क्रांति को जन-जन तक पहुँचाने में भी नोकिया ने अहम भूमिका निभाई है। अपने 13 साल के भारतीय सफर में नोकिया यहाँ ऐसे घुल-मिल गई है कि लोगों को लगता है कि यह भारत की ही कंपनी है। 1998 में नोकिया ने अपने 5110 फोन पर पहली रिंग टोन 'सारे जहाँ से अच्छा' बजाकर अपने इरादे जता दिए थे। यकीनन इसीलिए भारत नोकिया की हिटलिस्ट में टॉप थ्री देशों में है। सन् 2000 में नोकिया ने हिंदी मैन्यूवाला '3210' मोबाइल पेश कर करोड़ों

भारतीयों का दिल जीत लिया। 2002 में '7650' वाला कैमरा मोबाइल और 2003 में '1100 मेड इन इंडिया नोकिया मोबाइल', 2004 में 'सरल मोबाइल संदेश', हिंदी एसएमएस, 'एन 9500' के रूप में वाई-फाई कम्युनिकेटर मोबाइल मील के पत्थर बने। कंपनी ने दिल्ली, मुंबई, कोलकाता, बैंगलोर, हैदराबाद और अहमदाबाद में अपने मुख्य ऑफिस स्थापित किए हैं।

2006 में नोकिया ने चेन्नई में निर्माण इकाई स्थापित करके दुनिया में टॉप टेन निर्माण इकाइयों का गौरव जुटाया। चेन्नई में ही नोकिया ने ग्लोबल नेटवर्क सॉल्यूशन सेंटर स्थापित कर भारत की आई.टी. प्रतिभाओं को सुनहरा मौका दिया। भारत की सर्वश्रेष्ठ बहुराष्ट्रीय कंपनी के सम्मान से नवाजी गई नोकिया में वर्तमान में 6,000 से ज्यादा कर्मचारी प्रत्यक्ष, तो लाखों लोग अन्य फ्रेंचाइजीज के माध्यम से रोजगार जुटा रहे हैं। नोकिया को भारत में मोस्ट रिस्पेक्टेड कंपनी, मोस्ट ट्रस्टेड ब्रांड, नंबर वन टेलीकॉम वेंडर के दर्जे के साथ 'गोल्डन पिकॉक अवार्ड' से नवाजा गया है।

Quit Waiting

Perfection; Inspiration; Permission; Reassurance; Someone to change; The right person to come along; A more favorable horoscope; Someone to discover you; A clear set of instructions; more self confidence; Absence of risk. Sooner or later, those who win are those who think they can. **Have you made an 'I Want' list.**

डेटॉल

सबकी सफाई करता डेटॉल

व्यक्ति या जगह को हम उनके रंग-रूप और रहन-सहन से पहचानते हैं, पर उनका स्वभाव और व्यवहार जानने के बाद ही उन्हें गले लगाते हैं। किसी ब्रांड को अपनाने की शर्त भी है उत्पाद विशेष का गुण व उनकी खूबियाँ, जिन्हें ब्रांड गुरु 'कोर प्रापर्टी' कहते हैं। ग्राहकों के अवचेतन मन में यह 'कोर प्रापर्टी' ऐसी पुख्ता होती है, कि इससे अलग किस्म के उत्पाद को उस ब्रांड नेम से भी वे स्वीकार नहीं करते। जॉनसन एंड जॉनसन जैसी प्रतिष्ठित कंपनी ने डेटॉल जैसी पैकिंग में ही 'सेवलॉन' लॉञ्च किया, जो डेटॉल की खास गंध, रंग व हलकी जलन का मुकाबला नहीं कर पाया। यही

Dettol is a great and truly multi-purpose product, and true to its sword logo, it gives that feeling of being protected from germs and infections. Dettol's packaging is distinct in its very own way. The green & white colours are associated with hospitals. All Dettol products have a sword on the pack, which is a symbol for fighting germs and infection. Over the years, the clouding action and the sword have become synonymous with the brand and have been creatively used in Dettol advertising. The logo sword appears vertically down the center of the circle; a star like shape appears at the sword's point; and the word "Dettol" is superimposed and centered on top of the circle and sword.

नहीं, डेटॉल ने जब भी जर्मनाशक की अपनी स्थापित पहचान से अलग कोई उत्पाद लॉञ्च किया तो ग्राहकों ने नकार दिया। कॉस्मेटिक प्रॉपर्टी के साथ ग्राहकों को डेटॉल साबुन पसंद नहीं आया, पर यही साबुन शत प्रतिशत जर्म फाइटर की पंच लाइन के साथ रिलीज हुआ तो डेटॉल ब्रांड के प्रति लायल ग्राहकों ने इसे तत्काल लपक लिया।

मार्केटिंग गुरु कहते हैं कि ब्रांड दुधारी तलवार है, क्योंकि ब्रांड नेम से उत्पाद बेचना 'वन टाइम सेल' नहीं, बल्कि गुणवत्ता की गारंटी के साथ ग्राहकों से लंबे रिश्ते बनाना है। यह ऐसी कठिन चुनौती है कि एक भूल, एक पल में बरसों की मेहनत व सफलता मटियामेट कर देती है। यही नहीं, ब्रांड नेम की यह कोर प्रॉपर्टी धीरे-धीरे ग्राहकों के अवचेतन मन में ऐसी पुख्ता पहचान बना लेती है कि उसी कंपनी के किसी अन्य श्रेणी के उत्पाद के साथ उस ब्रांड नेम को वे स्वीकार नहीं करते। मसलन, डेटॉल यानी एंटीसेप्टिक डिसइन्फेक्टेंट्स (रोगाणुनाशी), जो रोग पैदा करनेवाले कीटाणुओं से बचाए। डेटॉल निर्माता कंपनी रैकिट बेंकिसर के समान गुणोंवाली अपनी उत्पाद शृंखला बढ़ाई तो ग्राहकों ने उसे डेटॉल की तरह ही लपक लिया, पर मदर ब्रांड डेटॉल को इनकेश करते हुए कोई कॉस्मेटिक प्रोडक्ट्स लॉञ्च किया तो नकार दिया। मॉइश्चरयुक्त सोप 'डेटॉल एक्स्ट्रा' ग्राहकों ने नकार दिया, क्योंकि यह डेटॉल की कोर प्रॉपर्टी हाईजैनिक व सफाई का प्रतिनिधित्व नहीं करता था। यही सोप 'जर्म फाइट' की पंच लाइन के साथ रीलॉञ्च (पुनर्जीवित) हुआ तो ऐसा लोकप्रिय हुआ कि प्रीमियम सोप मार्केट में इसकी हिस्सेदारी आज 18 फीसदी है। इसी तरह महिला ग्राहकों ने डेटॉल शैंपू पसंद नहीं किया, क्योंकि जो ब्रांड उनके बेडरूम,

बाथरूम की फ्लोर क्लीन करता है, हाईजेनिक बनाता है, उससे वे अपने बाल कैसे साफ करें? मार्केटिंग गुरु कहते हैं कि यह मदर ब्रांड का वैसा ही शोषण है जैसे गन्ने का पूरा रस निचोड़ लेने के बाद उसकी क्रशिंग करें तो गन्ने का मीठा रस नहीं मिलता। मिलता है साधारण पानी।

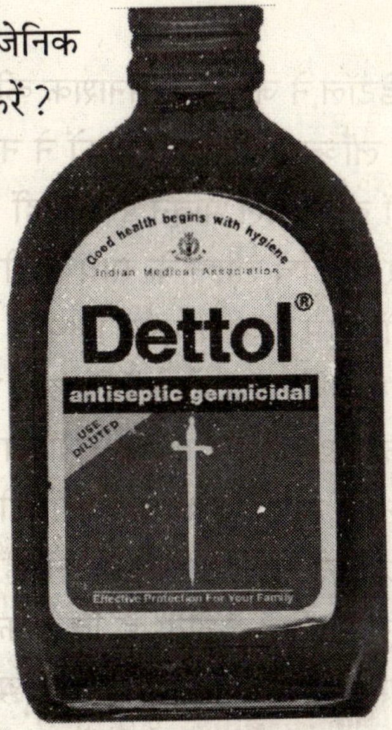

अस्सी साल पहले ब्रिटिश उद्योगपति एलबर्ट रैकिट ने जब बैक्टोरियोलॉजिस्ट डॉ. डब्ल्यू. सा रेनाल्ड से एक जर्मनाशक की खोज करवाई, तब ही डेटॉल की यह नियति तय हो गई थी। यही नहीं, सन् 1929-30 में रोगाणुनाशी लिक्विड के रूप में ही लंदन के क्वीन कार्लोटी मेटरनिटी अस्पताल ने डेटॉल को क्लीनिकल ट्रायल के लिए स्वीकार किया था। सन् 1933 में पता चला कि यह ऐसा प्रभावी एंटीसेप्टिक उत्पाद है, जिसने 50 फीसदी नवजात शिशुओं को जन्मजात बुखार के कारण अकाल मृत्यु से बचाया है। इसके बाद रेकिट एंड संस (अब रेकिट बेंकिसर) ने डेटॉल को रिटेल मार्केट में लॉन्च किया तो हाईजीन चाहनेवाले परिवारों की यह पहली पसंद बन गया। एक ताजा सर्वेक्षण के अनुसार दुनिया के 70 फीसदी घर व शत प्रतिशत अस्पताल, जो बैक्टोरियल प्रतिरोधक उत्पाद उपयोग करते हैं, उनमें सबसे ज्यादा लोकप्रिय है डेटॉल।

डेटॉल ने अपनी निर्माता कंपनी रेकिट बेंकिसर को इस कोर प्रॉपर्टी से ही पिछले 76 वर्षों में दुनिया की टॉप टेन हाउस होल्ड प्रोडक्ट्स कंपनियों में से एक बनाया है। घरेलू उत्पाद बनानेवाली दो कंपनियों रेकिट एंड कोलमेन तथा बेंकिसर के विलयन से सन् 1999 में जनमी रेकिट बेंकिसर आज पाँच श्रेणी के जो भी घरेलू उत्पाद बनाती है, उन सबकी बुनियाद समान है। कंपनी के हेल्थ एंड केअर प्रोडक्ट्स डेटॉल (एंटीसेप्टिक), वीट (बच्चों के अनचाहे बालों का

रिमूवर), कुकीडेंट व स्टेराडेंट (डेंटल केअर), न्यूरोफिन (दर्दनाशक), डिस्प्रिन, लेमसिप स्ट्रेमसिल्सा (सर्दी व फ्लू प्रतिरोधक), गोविस्कॉन, सोनाकोट, फायब्रोजेल (कब्ज व एसिडिटी के लिए), क्लियरसिल (मुँहासे की औषधि), फैब्रिक केअर सेगमेंट में रेकिट बेंकिसर वेनिस, स्प्रे-एन-वॉश, नेपिसन, रिजॉल्व, वूलाइट, कॉलगॉन, क्वीटो, फ्लोर, एवा, कोलोन जैसे उत्पादों के लिए जानी जाती है। कंपनी के सर्फेस केअर प्रोडक्ट्स हैं—लायसोल, हार्पिक, वेजा, मार्क, सिलिट वेंग, इजी ऑफ, माप एंड ग्लो, ब्रासो, लाइस ए-वे, पोलफार या ओल्ड इंग्लिश आदि। रेकिट बेंकिसर के कोल्गनिट, फिनिश, इलेक्ट्रासॉल और जेटे ड्राय ऑटोमैटिक डिश वाशर्स में उपयोग किए जाते हैं। एयर केअर के लिए एयर विक, पेस्ट कंट्रोल के लिए डीकॉन, मोर्टिन तो शू केअर के लिए रेकिट बेंकिसर नगेट व चेरी ब्लासम बनाती है। इन सारे उत्पादों के नाम और इनकी खूबियों का निहितार्थ है हाईजीन, यानी साफ-स्वच्छ रहो तो स्वस्थ होंगे। दुनिया के 44 देशों में बननेवाले ये उत्पाद 180 देशों में लोकप्रिय हैं। 29 हजार लोगों को रेकिट बेंकिसर ने प्रत्यक्ष रोजगार प्रदान किया है। मेडिको वर्ल्ड में रेकिट बेंकिसर कम्युनिटी वर्ष अवाड्र्स के लिए जानी जाती है। अर्थात् गैर-वाणिज्यिक क्षेत्र में भी डेटॉल की एक ही पुख्ता पहचान है—स्वास्थ्य रक्षक ब्रांड।

भारत में डेटॉल

इंडियन मेडिकल एसोसिएशन द्वारा मान्य अत्यंत विश्वसनीय

हाईजेनिक ब्रांड के रूप में डेटॉल हमारे देश में 75 वर्ष पूरे कर चुका है। सन् 1933 में भारत में शारीरिक चोट व घाव की सफाई के लिए डेटॉल का उपयोग शुरू हुआ था। आज होम एंड पर्सनल केअर, सरफेस केअर, फैब्रिक केअर, पेस्ट कंट्रोल और हेल्थ केअर में डेटॉल निर्माता कंपनी रेकिट बेंकिसर के उत्पाद भारत में भी खूब लोकप्रिय हैं। कंपनी के सिरमौर उत्पाद डेटॉल के अलावा भारतीय मार्केट में बीट, हार्पिक, मार्टिन, रॉबिन ब्लू, चेरी लिजोल, कॉलिन, डिस्प्रिन, ब्रासो, डेटॉल सोप, शेविंग क्रीम इजी आफ वेंग, स्ट्रेपसिल्स, क्लियरसिल भी खूब लोकप्रिय हैं। डेटॉल की एंटीसेप्टिक मार्केट में 85, लिक्विड हैंड वॉश मार्केट में 60 एवं सोप मार्केट में 40 फीसदी की हिस्सेदारी है।

सन् 1960 में डेटॉल ने भारत में जब एडवरटाइजिंग की शुरुआत की तो उसका फोकस था, ग्राहकों को समझाना कि वे कीटाणु से बचें तो रोगों से बचेंगे। तब से आज तक डेटॉल के विज्ञापन का निहितार्थ है—एक माँ की तरह पूरे परिवार को स्वस्थ रखता है डेटॉल। किसी ब्रांड के लिए 75 वर्ष तक लगातार लोकप्रिय बने रहना एक बड़ी उपलब्धि है, पर रेकिट बेंकिसर इंडिया लिमिटेड के सी.एम.डी. चंदरमोहन सेठी कहते हैं कि 75वें वर्ष (2008) में डेटॉल ने आगामी 75 वर्षों की यात्रा शुरू की है। यह नई यात्रा होगी—हेल्थ और हाईजीन के 75 वर्ष... विश्वास व भरोसे के 75 वर्ष... भारतीय परिवारों को स्वस्थ रखने के 75 वर्ष...।

"Your **attitude**, not your aptitude,
determines your **altitude**." -Zig Ziglar

डोमिनोज

डोमिनोज : खुशियों की होम डिलीवरी

अज्जा, मतलब नई पीढ़ी का सबसे पसंदीदा फास्ट फूड। एक ऐसा पका-पकाया तैयार खाना जो, भरे पेटवालों को भी अपने रंग-रूप और सुगंध से ललचाता है। पर, क्या आप यकीन करेंगे कि यही पिज्जा कभी इटली के गरीबों की रोटी हुआ करता था? आज के आँकड़े देखें तो लगभग दुनिया की कुल आबादी से ज्यादा पिज्जा दुनिया भर में हर साल खाए जाते हैं।

इटली से शुरू हुई पिज्जा की कहानी आज पूरी दुनिया दोहरा रही है। अमेरिका में तो पिज्जा नंबर वन फास्ट फूड है। ताजा संदर्भ में बात करें तो बिना पिज्जा और कोक के अमेरिका वासियों को दिन अधूरा लगता है। पिज्जा को

Founded in 1960, Domino's is the second-largest pizza chain in the United States. Domino's currently has nearly 9,000 corporate and franchised stores in 60 international markets. Domino's introduced its corporate logo, a red domino flush against two blue rectangles, in 1975. The company was sued by Amstar Corporation, parent company of Domino Sugar, for the right to use the name. After a five-year battle, Domino's won, but not until after more than 30 new stores were opened under the interim name Pizza Dispatch. In the year 1997, the company developed their new logo and the image was brightened up.

पसंद और लोकप्रियता के शिखर पर पहुँचानेवाली कंपनियों में अमेरिकी कंपनी डोमिनोज का नाम सम्मान के साथ लिया जाता है। हालाँकि बाजार और खपत के आँकड़ों के हिसाब से डोमिनोज का कद 'पिज्जा हट' से छोटा है, पर इस कंपनी के साथ जुड़ा इसका इतिहास इसे सबसे खास बना देता है। डोमिनोज की ब्रांड हिस्ट्री टॉम मोनेघन नामक एक ऐसे उद्यमी की संघर्ष कहानी है, जो प्रेरणा देती है कि मेहनत करके महान् बना जा सकता है। 1937 में मिशिगन के पास एन आर्बर में पैदा हुए टॉम के सिर से पिता का साया मात्र चार साल की उम्र में उठ गया था। लाचार व गरीब माँ ने बहुत कोशिश की, लेकिन रोटी और मकान एक साथ नहीं जुटा पाई। नतीजतन टॉम और उसके छोटे भाई जिम का बचपन अनाथालयों में गुजरा। टॉम को ज़िंदगी ने संघर्ष का सबक बचपन में ही सिखा दिया था। वह 12 साल की उम्र में ही काम-धंधे की जुगत में लग गए, ताकि परिवार का अस्तित्व बचाया जा सके। उन्होंने खेतिहर मजदूर से लेकर चपरासी तक के ढेरों मेहनत भरे काम करके खुद को भविष्य के लिए तैयार किया। अतीत की यादों में गोता लगाते हुए एक बार उन्होंने कहा था, मैं अच्छा जीवन पाने की जी-तोड़ कोशिश करता हूँ, पर मुझे नतीजे खराब मिलते हैं। फिर भी मुझे आशा है, मैं कुछ बड़ा कर जाऊँगा।

रिश्तेदारों की मदद से स्कूली पढ़ाई पूरी करने के बाद टॉम ने कॉलेज की पढ़ाई के लिए कड़ी मेहनतवाली नौकरियाँ करके जैसे-तैसे 2,000 डॉलर जमा किए, लेकिन एक दोस्त ने उन्हें धोखा दिया। वह उनकी सारी बचत लेकर भाग गया। खाली हाथ हताश टॉम अपने भाई जिम के पास लौट आए, जो कि डोमिनिक्स नाम की एक पिज्जा शॉप के लिए पार्ट टाइम कारपेंटर का काम करता था। एक दिन जिम ने डोमिनिक्स के मालिक से सुना कि वह घाटे में चल रही उस दुकान को बेच देगा। उसने टॉम को यह बात बताई, जो कोई नया काम करने के लिए बेसब्र था। दोनों भाइयों ने विचार किया और इस कारोबार में सफलता की संभावनाएँ सूँघी। पैसों का संकट पोस्ट ऑफिस से मिले 900 डॉलर के कर्ज से हल हो गया। थोड़ी सौदेबाजी के बाद डोमिनिक्स का मालिक मान गया और दिसंबर 1960 में मोनेघन बंधु इपसिलांटी, मिशिगन में एक छोटी

सी दुकान के मालिक हो गए।

इस स्टोर पर तरह-तरह के पिज्जा के अलावा सैंडविचेज, बर्गर, कोला जैसी चीजें मिलती थीं। ग्राहकों के बैठने के लिए थोड़ी सी जगह थी और होम डिलीवरी न के बराबर थी। इधर, नए मालिक अनुभवहीन थे; पर चाहे जो हो, वे कमाई करना चाहते थे। उन्होंने सबसे पहले स्टोर के मीनू को ठीक किया। दाम घटाए और खुद पिज्जा बनाना सीखा। मुफ्त होम डिलीवरी की सुविधा भी शुरू की। इन सब संकट-निवारण उपायों के चलते शॉप चल निकली और छह महीने में ही वे कर्ज-मुक्त हो गए और साल भर में मुनाफा कमाने लगे। दोनों भाइयों ने सुविधा के लिए एक पुरानी वॉल्क्सवेगन बीटेल कार भी खरीद ली। टॉम तो नए कारोबार में रम गया, पर जिम का मन नहीं लगा। कुछ ही महीनों में उसने कारोबार से अलग होने का इरादा जाहिर किया और केवल बीटेल कार के बदले अपनी साझेदारी बेच दी। अब पूरे स्टोर पर टॉम का कब्जा हो गया। वह मेहनती था और प्रबंधन के गुर भी सीख रहा था। जल्दी ही डोमिनिक्स की बिक्री बढ़ने लगी और पुरानी दुकान छोटी पड़ने लगी। टॉम ने सड़क के दूसरी ओर एक बड़ा स्टोर खरीदने का फैसला किया। उन्होंने डिलीवरी के लिए एक ड्राइवर भी नियुक्त किया। यह पहला विस्तार शुभ रहा। पहले हफ्ते में बिक्री 99 डॉलर से बढ़कर 750 डॉलर तक जा पहुँची। पिज्जा कारोबार को और समझते हुए टॉम ने अपने मीनू कार्ड से उन सभी आइटमों को निकाल दिया, जिन्हें बनाने में ज्यादा समय, सामान और मेहनत लगती थी। इससे मीनू एकदम सादा हो गया और कर्मचारी भी खुश हो गए,

क्योंकि उन्हें केवल रेगुलर पिज्जा ही बनाना होता था। 'सिंपल मीनू- मल्टीपल गेन' का यह फंडा आज भी हिट है।

पिज्जा कारोबार में भविष्य की संभावनाओं को देखते हुए टॉम ने एक स्थानीय शेफ जिम गिलमोर के साथ साझेदारी में दो नए स्टोर खोलने का फैसला किया। उन्होंने 'पिज्जा किंग' के नाम से नए स्टोर खोले। कुछ समय तो ठीक चला, पर बाद में गिलमोर के बीमार और दिवालिया होने के कारण आमदनी गिरने लगी। आखिरकार दो साल बाद 1964 में दोनों ने साझेदारी खत्म कर ली। बाद में टॉम ने गिलमोर को हर्जाना देकर उसके पिज्जा स्टोर भी खरीद लिये। अब टॉम के पास चार पिज्जा स्टोर हो गए थे। इसी बीच डोमिनिक्स के असली मालिक के मन में लालच आया और उसने ब्रांड नेम पर अपना अधिकार जताया। समस्या का समाधान खोजा मोनेघन के एक ड्राइवर जिम केनेडी ने और 'डोमिनोज पिज्जा' नाम सुझाया। यह नाम पुराने से मिलता-जुलता था, इसलिए सभी को पसंद आया। नए ब्रांड नेम के साथ मोनेघन ने पिज्जा कारोबार को कॉर्पोरेट कंपनी का रूप देने का दूरगामी फैसला करते हुए वर्ष 1965 में 'डोमिनोज़ पिज्जा' की नींव रखी। निदेशक मंडल का गठन किया गया जिसमें टॉम, उनकी पत्नी और दो अन्य सहयोगियों को

शामिल किया गया। नई फ्रेंचाइजीस और लीज़ पर स्टोर देने की रणनीति बनाई गई। मुनाफे का बँटवारा रॉयल्टी के आधार पर करने का निर्णय लिया गया। चूँकि डोमिनाज को मिशिगन राज्य में अच्छी लोकप्रियता हासिल हो चुकी थी, इसलिए फ्रेंचाइजी बिकने में मुश्किलें नहीं आईं। इस बारे में अपनी आत्मकथा 'पिज्जा टाइगर' में टॉम ने लिखा है—"अपने पहले कारोबारी विस्तार में मेरा पूरा ध्यान फ्रेंचाइजी और रॉयल्टी बँटवारे पर था। यह नए उद्यमियों को पसंद आया। 1968 तक मिशिगन और करीबी इलाकों में दस डोमिनोज फ्रेंचाइजीस शुरू हो गईं।"

सब अच्छा चल रहा था, तभी अचानक फरवरी 1968 में कंपनी के मुख्यालय व गोडाउनवाली मुख्य इमारत में भीषण आग लगी। लगभग सारा कच्चा माल जल गया और 1.5 लाख डॉलर से ज्यादा का नुकसान हो गया। पिज्जा स्टोर्स की सप्लाई सुनिश्चित करने के लिए टॉम की टीम ने रात-दिन एक करके समय पर माँग पूरी की। बहुत ही मुश्किल हालात में बाजार में अपनी मौजूदगी बनाए रखने से डोमिनोज की साख बढ़ गई। इस अनुभव से उत्साहित और मैकडॉनल्ड की सफलता से प्रेरित होकर मोनेघन ने तेजी से विस्तार की नीति बनाई। उन्होंने बाजार से भारी कर्ज लिया और एक साथ 32 स्टोर्स खोलने तथा 85 कारों की फास्ट डिलीवरी टीम बनाने की घोषणा की। भरपूर प्रचार-प्रसार भी किया गया। मिशिगन और अन्य राज्यों में इसकी चर्चा होने लगी। इसी दौरान कंपनी रिकॉर्ड को कंप्यूटराइज्ड कराने की प्रक्रिया में पूरा रिकॉर्ड नष्ट हो गया। इससे कंपनी को भारी झटका लगा। बिना आँकड़ों के कंपनी अव्यवस्थित हो गई और कर्ज न चुका पाने के कारण कुछ ही महीनों में उन्हें कंपनी को बचाने के लिए अपनी 51 फीसदी हिस्सेदारी डेन क्विर्क नामक एक अन्य कारोबारी को बेचनी पड़ गई। क्विर्क ने अपनी ओर से केन हेवलिन नाम के एक प्रबंधक को नियुक्त किया, जिसने अनुबंध के मुताबिक डोमिनोज से मोनेघन को बेदखल कर दिया। नए मालिक असफल रहे और उन्होंने मोनेघन से मदद माँगी। इधर, एक साल में मोनेघन ने खुद को फिर से तैयार किया और डोमिनोज में अपनी खोई हिस्सेदारी व फ्रेंचाइजी मालिकों का

विश्वास फिर से प्राप्त कर लिया। मोनेघन के लौटने से कंपनी के पुराने दिन लौटने लगे। गलतियों से सबक सीखे मोनेघन ने कुछ भी फिर से न दोहराने का संकल्प लिया। नई टीम बनाई और उसमें उन लोगों को शामिल किया, जिन्होंने संकट के समय मदद की थी। इनमें रिचर्ड मुलेइर, डेव किल्बी, डेव ब्लैक और डिक मुलेइर के नाम सबसे ऊपर थे। इपसिलांटी, मिशिगन में मुख्यालय बनाने के साथ नीतियाँ और रणनीतियाँ फिर से तय की गईं। कॉर्पोरेट कल्चर अपनाने के साथ कंपनी को भविष्य के लिए तैयार किया गया। नतीजे भी अच्छे आए। डोमिनोज घाटे से उबर गई और सालाना 50 फीसदी की दर से विस्तार करने लगी। कंपनी ने विलय और अधिग्रहण नीति पर अमल कर 'पिज्जाको' नाम की कंपनी खरीदकर अमेरिका के कंसास, एरिजोना और नेबरस्का में भी पैर जमा लिये। यह वह दौर था जब अमेरिका भी तेजी से विकसित हो रहा था और वहाँ के लोगों की जीवन-शैली बदल रही थी। ऐसे में फास्ट फूड उनके लिए खाने का बेहतर विकल्प बनकर उभरा और पिज्जा ने इस नए मीनू में सबसे ज्यादा जगह घेरी। मैक्डॉनल्ड, पिज्जा हट और डोमिनोज के लिए यह अनुकूल माहौल था, जिसे तीनों ही कंपनियों ने भरपूर भुनाया।

फ्रेंचाइजी और लीज पर स्टोर देने की नीति के चलते डोमिनोज के करीब 300 स्टोर हो गए थे। अब कंपनी की नजर अमेरिकी बाजार के साथ पूरी दुनिया पर थी। तमाम अड़चनों से उबरते हुए डोमिनोज ने 1980 के दशक में तेजी से विस्तार पर जोर दिया। बाजार खुला था और तेजी से बढ़ रहा था, हालाँकि प्रतिस्पर्धा भी तीव्र व तीखी थी। कंपनी मुख्यालय को एन ऑर्बर, मिशिगन ले जाने के बाद डोमिनोज ने अपने कुशल प्रबंधकों को आगे करके पिज्जा आंदोलन को वैश्विक बनाने का फैसला किया। डोमिनोज ने 1983 में कनाडा में विनिंगपेंग में पहला इंटरनेशनल पिज्जा स्टोर शुरू किया। 30 मिनट में डिलीवरी नहीं तो पैसे कम जैसी आक्रामक नीतियाँ अपनाते हुए डोमिनोज ने 1985 तक अपनी कुल शाखाओं की संख्या 2,300 तक बढ़ा ली; पर, वह अपने मुख्य प्रतिद्वंद्वी 'पिज्जा हट' की करीब 4,000 शाखाओं से बहुत पीछे थी। कंपनी ने विज्ञापन युद्ध छेड़ा और प्रतिस्पर्धा में टिकने के लिए हर दाँव-पेंच

खेला। एडवरटाइजिंग बजट में सालाना 250 फीसदी की बढ़ोतरी के साथ हर अच्छे शहरी को पिज्जा खाना सिखाया। इसी दौरान 28 साल में पहली बार अपने मीनू में बदलाव करते हुए डोमिनोज ने 'पैन पिज्जा' लॉञ्च किया। 1990 के अंत तक डोमिनोज 5,000 शाखाओं के साथ दुनिया की दूसरी सबसे बड़ी पिज्जा कंपनी बन गई। यह दर्जा आज तक कायम है।

1989 का साल डोमिनोज के लिए बेहद खराब रहा, क्योंकि कंपनी के डिलीवरी वाहनों से 20 से ज्यादा मौतें हुईं। कंपनी पर कई मुकदमे दायर हो गए। एक महिला को टक्कर मारने के मामले में उसे करीब 8 करोड़ डॉलर का भारी हर्जाना भी देना पड़ा। इससे कंपनी की साख बुरी तरह प्रभावित हुई। दूसरी ओर कड़ी प्रतिस्पर्धा और निरंतर विस्तार के दबाव ने कंपनी की वित्तीय स्थिति डावाँडोल कर दी। आखिरकार 1993 में डोमिनोज ने अपनी 30 मिनट डिलीवरी स्कीम को 'कस्टमर सेटिस्फेक्शन गारंटी स्कीम' में बदल दिया। इसी दौरान मोनेघन ने डोमिनोज को बेचने का मन बना लिया। करीब 35 साल के कॉर्पोरेट उतार-चढ़ाव देखने के बाद अब वह अपना ज्यादा समय परोपकार के कामों में लगाना चाहते थे। 1998 में उन्होंने बोस्टन की एक इक्विटी फर्म बैन कैपिटल से करीब 1 अरब डॉलर व 5 करोड़ देनदारी के साथ डोमिनोज में अपनी 93 फीसदी हिस्सेदारी बेच दी। हालाँकि उन्होंने वोटिंग का अधिकार अपने पास बनाए रखा। नई कंपनी डोमिनोज इन्कॉर्पोरेशन के नाम से पुनर्गठित की गई। काफी खोजबीन के बाद मशहूर मार्केटिंग मैनेजर डेविड ब्रेंडन को सी.ई.ओ. बनाया गया। ब्रेंडन ने कड़े फैसले लेते हुए उन तमाम शाखाओं और संपत्तियों से हाथ खींच लिए जो मुनाफा नहीं कमा रही थीं। कर्मचारियों की संख्या में भी कटौती की गई तो शेष कर्मचारियों की कुशलता बढ़ाई गई। नए अधिग्रहण व समझौते किए गए तथा विज्ञापन में विश्वसनीयता पर जोर दिया गया। इसी तरह नए आइटम मीनू लिस्ट में शामिल कर, नए ऑफरों के साथ ग्राहकों को संतुष्ट करने के लिए कंपनी ने डिलीवरी को आकर्षक बनाया। 1998 में डोमिनोज ने 'हीट वेव' नाम का ऐसा पिज्जा डिलीवरी बैग लॉञ्च किया जिसमें काफी देर तक पिज्जा गरम और कुरकुरा बना रहता है। इन तमाम

उपायों के चलते कंपनी फिर से फायदे में आ गई। विस्तार लगातार जारी है। 2006 तक कंपनी की दुनिया के 55 देशों में 8,000 हजार शाखाएँ हो चुकी थीं और अब उसका लक्ष्य दस हजार शाखाएँ पूरी करने का है।

अमेरिका, यूरोप के शहरियों को पिज्जा का स्वाद चखाने के बाद डोमिनोज ने 1995 में भारत में कदम रखा। भारत की शाखा को उद्योगपति श्याम भरतिया (हिंदुस्तान टाइम्स की शोभना भरतिया के पति) जैसे प्रमोटरों ने आगे बढ़ाया। भारत की शाखा नेपाल, श्रीलंका और बँगलादेश के लिए मास्टर शाखा के रूप में स्थापित की गई। देश में पहला डोमिनोज स्टोर 1996 में दिल्ली में खोला गया और अब देश के 42 शहरों में 300 से ज्यादा डोमिनोज शाखाएँ हैं। डोमिनोज ने भारत में अपनी तरह की पहली 'हैप्पी हॉटलाइन फोन ऑर्डर सेवा' भी शुरू की है। सी.ई.ओ. अजय कौल के नेतृत्व में नोएडा स्थित कॉर्पोरेट ऑफिस, कोलकाता, बेंगलुरु, दिल्ली के क्षेत्रीय ऑफिसों के सहयोग से ब्रांड भारत में तेजी से स्थापित हो रहा है।

"I always **knew** I was going to **be rich**. I don't think I **ever doubted** it for a minute." -Warren Buffett

Bisleri
बिस्लेरी

इटली का नाम, भारत की पहचान

बोतलबंद पानी या कहें कि मिनरल वाटर आज भले ही एक सस्ती हकीकत लगती है, लेकिन महज 10 साल पहले यह एक महँगा सौदा था। क्या कभी आपने सोचा था कि भारत जैसे देश में आप पानी खरीदकर पीएँगे ? लेकिन, समय और परिस्थितियों की माँग के चलते ऐसा करना जरूरी हो गया है। इसके पीछे कई कारण गिनाए जा सकते हैं, जिनमें सबसे ऊपर रखा जा सकता है मार्केटिंग के कमाल को, जो किसी गंजे आदमी को भी तेल या कंघा बेच सकती है। बहरहाल, हमारे देश में ठीक मोबाइल क्रांति की तरह मिनरल वाटर क्रांति हुई है। दिलचस्प बात है कि इसकी अगुआई की है, हमारे

Bisleri To be sure, the changes are noteworthy. For decades now, Bisleri has been sold in conical bottles -- a legacy from the 1960s when the water was sold in glass beer bottles. Although it switched to PET in the 1980s, the shape didn't change. Now, water variant are sold in a streamlined, round shape, while the ubiquitous blue of the logo has given way to a more international looking aqua green label. The new label helped the company cut costs -- by up to Rs 6 crore a year. The earlier shrink label has been replaced with one made of superior biaxial-oriented polypropylene film that can not only take more colors, but costs half of shrink labels.

ही अपने एक देशी ब्रांड बिस्लेरी ने और इसके प्रणेता बने हैं करीब 80 साल पुराने पारले ग्रुप की तीसरी पीढ़ी के उद्यमी रमेश चौहान। बिस्लेरी की स्थापना इटली साइनॉर फेलिस बिस्लेरी ने की थी। उन्हीं के नाम पर बना है बिस्लेरी ब्रांड । भारत में ब्रांडेड पानी बेचने का फॉर्मूला सर्वप्रथम फेलिस बिस्लेरी ही लाए थे।

खाने के लाले, कौन पिए बिस्लेरी का पानी

'बिस्लेरी' ब्रांड को जानने के लिए हमें 1960 के उस दौर में लौटना पड़ेगा, जब हमारा देश अनाज की कमी से बेहाल था। पंडित नेहरू के आकस्मिक निधन के बाद लालबहादुर शास्त्री ने देश तो सँभाल लिया, लेकिन देशवासियों की भूख को न सँभाल पाए। उस पर पाकिस्तान ने हमला बोल दिया। यह एक ऐसा संक्रमण काल था, जो देशवासियों को गहरे घावों के साथ कई जरूरी सबक भी दे गया। इसी दौर में देश के उद्योग जगत् में एक बड़ी घटना के रूप में सन् 1961 में चार चौहान भाइयों के पारले समूह का बँटवारा हो गया। इसके साथ ग्रुप के एक संस्थापक जयंतीलाल चौहान के हिस्से में आया समूह का सॉफ्ट ड्रिंक का कारोबार। इस समय तक पारले ग्रुप बिस्किट के अलावा रिमझिम, किस्मत और पारले कोला ब्रांड नेम से सॉफ्ट ड्रिंक बना रहा था। बँटवारे के बाद सॉफ्ट ड्रिंक के इस कारोबार को उन बुरे हालात में चलाना एक बड़ी चुनौती थी, क्योंकि देशवासियों के पास दो वक्त का खाना नहीं था तो कोई उन्हें महँगा सॉफ्ट ड्रिंक पीने को कैसे कहता, लेकिन; चौहान परिवार डटा रहा। इसी दौरान पारिवारिक कारोबार में जुड़े जयंतीलाल के तीन बेटे मधुकर, रमेश और प्रकाश । इनमें से रमेश चौहान बहुत मेधावी और अति-शिक्षित थे। उन्होंने अमेरिका के मैसाचुसेट्स इंस्टीट्यूट ऑफ टेक्नोलॉजी से इंजीनियरिंग व बिजनेस मैनेजमेंट की पढ़ाई की थी। 1964 में एक हादसे में मधुकर के निधन के बाद कारोबार की पूरी जिम्मेदारी रमेश चौहान के कंधों पर आ गई और बस यहीं से कायाकल्प शुरू हुआ। सबसे पहले उन्होंने यह विश्लेषण व निष्कर्ष निकाला कि बाजार की माँग क्या है और उनके प्रोडक्ट्स पोर्टफोलियो व इसके प्रमोशन

में क्या कमी है ? जवाब मिला कि उन्हें सॉफ्ट ड्रिंक में ज्यादा वैराइटी के साथ सोडा भी लॉञ्च करना चाहिए। संयोग से उस समय देश में इटली की कंपनी बिस्लेरी लिमिटेड ने संपन्न वर्ग के लिए काँच की बोतल में मिनरल वाटर बेच रही थी। लेकिन, देश के सामने भूख और भय हो तो पानी खरीदकर कौन पीए !

डूबती बिस्लेरी को मिला युवा कंधों का मजबूत सहारा

बिस्लेरी अपना कारोबार समेटने की तैयारी में थी और रमेश चौहान कारोबार बढ़ाने जा रहे थे। 1969 में चौहान ने बिस्लेरी को इस मकसद से खरीद लिया कि इस ब्रांड को वे सोडा ब्रांड में तब्दील कर अपने पोर्टफोलियो को मजबूत बना लेंगे। इस समय तक बिस्लेरी के देश भर में मात्र 5 स्टोर थे—एक कोलकाता में और 4 मुंबई में। युवा रमेश चौहान ने वही किया जो सोचा था, लेकिन साथ ही बिस्लेरी के बोतलबंद पानीवाले दो ब्रांड 'बबली' और 'स्टिल' को भी बनाना बंद नहीं किया। वे कहते हैं कि हमने कई साल तक सोडा और पानी दोनों बिस्लेरी ब्रांड के नाम से बेचा। इस समय तक पारले बिस्लेरी समूह की इस शाखा ने अपने प्रोडक्ट पोर्टफोलियो में लिम्का, थम्स अप, माजा, गोल्ड स्पॉट और सिट्रा जैसे सॉफ्ट ड्रिंक जोड़कर एक बेहतरीन प्रॉडक्ट्स पोर्टफोलियो बना लिया। 1976 तक आते-आते पारले बिस्लेरी ने सॉफ्ट ड्रिंक के कारोबार में अच्छी पकड़ बना ली थी। इस समय तक लगभग सभी तरह के सॉफ्ट ड्रिंक काँच की बोतल में आते थे और जिसे पीने के बाद वापस करना होता था। यह एक महँगा सौदा था; लेकिन किसी ने सोचा ही नहीं था कि प्लास्टिक इसका विकल्प बन सकता है। 1985 के दौरान पॉली इथलीन टेरीफ्टलेट या पी.ई.टी./पेट नाम के एक प्लास्टिक मैटेरियल के आने से इस उद्योग में क्रांति के साथ नई जान आ गई। यह हलका, मजबूत और रीसाइकल किया जा सकनेवाला ऐसा पैकेजिंग मैटेरियल था, जिसे किसी भी आकार में ढाला जा सकता था। पैकेजिंग की समस्या हल हुई

तो दाम भी कम होना शुरू हुए। इसी दौरान भारतीय बाजार में आर्थिक उदारीकरण का दौर आया और देश के बाजार दुनिया के लिए खुल गए।

आर्थिक उदारीकरण बना शुभ संयोग

ये पारले बिस्लेरी के लिए अनुकूल साबित हुए और कंपनी ने मार्केट पर लगभग कब्जा कर लिया। हालाँकि सॉफ्ट ड्रिंक की तुलना में पानी बेचना अभी भी एक चुनौती थी, क्योंकि हमारे देश में पानी को एक कमोडिटी कभी समझा ही नहीं गया था। शायद यही वजह है कि हमारे यहाँ पानी का भारी दुरुपयोग भी होता है। एक ओर जहाँ लाखों-करोड़ों गैलन पानी बेकार बह जाता है वहीं एक-एक बूँद पानी के लिए लोग खून भी बहा देते हैं। बहरहाल, '90 के दशक में पारले बिस्लेरी के बिस्लेरी ब्रांड की बोतलबंद पानी के बाजार में धाक थी, लेकिन इस मुनाफेवाले बाजार में नई कंपनियों ने कदम रखना शुरू कर दिया था। वर्ष 1992 में बोतलबंद पानी की खपत 95 मिलियन लीटर के स्तर पर थी और कुल कारोबार करीब 3 अरब रुपए का था। इस दौर में 1971 में बाजार में आए बिस्लेरी ब्रांड की हिस्सेदारी 70 प्रतिशत थी, लेकिन 1993 में इस बाजार में अच्छे मुनाफे को देखते हुए अमूमन हर तीसरे महीने एक नया ब्रांड लॉन्च हो रहा था। हालाँकि वितरण की समस्या के चलते कई पुराने ब्रांड बाजार में आए और गुम भी हो गए। बिस्लेरी की बाजार हिस्सेदारी भी 70 प्रतिशत से उच्चतम स्तर को छूने के बाद लुढ़कने लगी। इसी दौरान एक बड़े व रणनीतिक फैसले के तहत रमेश चौहान ने अपना सॉफ्ट ड्रिंक कारोबार, अमेरिका की दिग्गज कंपनी कोकाकोला को बेचकर पूरा ध्यान पानी बेचने यानी बिस्लेरी ब्रांड पर लगा दिया। इस समय तक बिस्लेरी ने अपना ब्रांड प्रमोशन इतनी चतुराई से किया कि यह ब्रांड शुद्ध मिनरल वाटर का प्रतीक बन गया। हालाँकि इसे मिनरल वाटर कहना वैज्ञानिक व तकनीकी रूप से सही नहीं माना गया। इसी दौर में बिस्लेरी की सफलता से प्रेरित कई नए ब्रांड भी शुद्ध पानी के दावे के साथ खुले बाजार में कूद पड़े, इसलिए बिस्लेरी को '90 के दशक के आखिरी कुछ सालों में 'प्योर एंड सेफ' (शुद्ध व सुरक्षित) के सूत्र वाक्य से प्रचार अभियान का सहारा

लेना पड़ा। इस दौर में बिस्लेरी ने एक बड़े फैसले के रूप में 5 रुपए में आधा लीटर पैक भी बेचा।

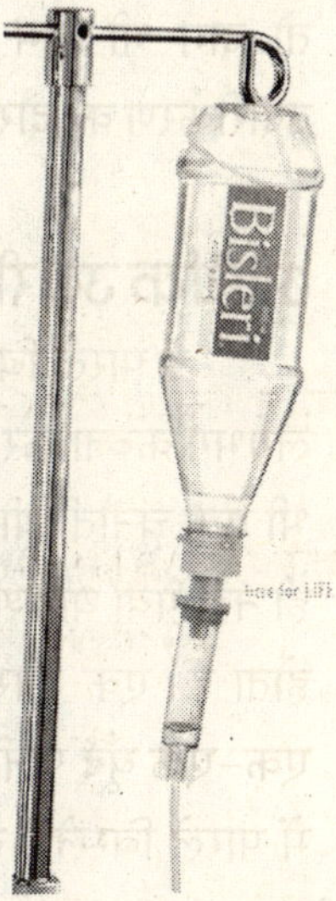

बोतलबंद पानी के नाम पर छिड़ा ब्रांड युद्ध

वर्ष 2000 की शुरुआत में बिस्लेरी को बड़ा झटका लगा जब पेप्सी, कोका-कोला और नेस्ले जैसी कंपनियों ने बिस्लेरी के किले में सेंध लगा दी। इसके असर को कम करने के लिए बिस्लेरी ने अपने प्रचार अभियान को कुछ हलका-फुलका बनाया। दूसरे ब्रांडों से मिल रही तगड़ी टक्कर के बावजूद बिस्लेरी ने वर्ष 2000 में 4 अरब रुपए के कारोबार को वर्ष 2003 तक 10 अरब रुपए पहुँचाने का लक्ष्य रखा। देश में बोतलबंद पानी के लगातार नए ब्रांडों के आने के बारे में विश्लेषकों का मत है कि आर्थिक सुधारों की प्रक्रिया के चलते देश में लोगों की आय बढ़ रही थी। ऐसे में स्वास्थ्य के प्रति जागरूकता बढ़ रही थी। इसी के असर के चलते ब्रांडेड मिनरल वाटर, जो 1993 में सिर्फ साठ बड़े शहरों में ही उपलब्ध था उसका बाजार चार वर्षों में 250 शहरों तक फैल गया। 1998 में बिस्लेरी की बाजार हिस्सेदारी 60 फीसदी थी और शेष बाजार पर कब्जे के लिए सैकड़ों छोटे-बड़े ब्रांडों में घमासान चल रहा था।

इस समय देश में बोतलबंद पानी की सालाना खपत 424 मिलियन लीटर तक पहुँच गई थी और बाजार 4 अरब रुपए का हो गया था। साथ ही साथ बाजार में उपलब्ध ब्रांडों की संख्या भी 200 तक पहुँच गई। वर्ष 2000 आते-आते बोतलबंद पानी का कारोबार 7 अरब के स्तर को पार कर गया और पेप्सी एक्वाफिना, कोका-कोला किनले और नेस्ले प्योर लाइफ बाजार में उतर चुके थे। इसके अलावा बोतलबंद पानी का यह बाजार भी प्रीमियम, पॉपुलर और बल्क सेगमेंट्स में बँट गया। जहाँ पॉपुलर सेगमेंट में बिस्लेरी, बैली, एक्वाफिना और किनले प्रमुख ब्रांड थे, वहीं प्रीमियम सेगमेंट पर डैनॉन

इवियन, नेस्ले पेरियर और सान पेलाग्रिनो काबिज थे। इसी प्रकार पाँच, दस और बीस लीटर के पैकवाले बल्क सेगमेंट में बिस्लेरी, एक्वाफिना और किनले अगुवा ब्रांड थे। वर्ष 2001 में बोतलबंद पानी का बाजार 10 अरब रुपए के स्तर तक पहुँच गया और इसमें सालाना 40 फीसदी का उछाल आ रहा था। इस वर्ष मार्च में बिस्लेरी की हिस्सेदारी 51 फीसदी थी, वहीं किनले 10 प्रतिशत और एक्वाफिना 4 प्रतिशत बाजार पर काबिज थे।

रंग लाई पैकेजिंग रणनीति, 'प्योर एंड सेफ' बना सेफ गेम

इसी दौर में दूसरे ब्रांडों से मिल रही तगड़ी टक्कर को देखते हुए बिस्लेरी ने अलग-अलग साइजों के आकर्षक पैक बाजार में पेश किए। इसी वर्ष कंपनी ने 1.2 लीटर का पैक बाजार में उतारा और पुराने प्रचलित एक लीटर पैक को बंद करने का निर्णय लिया। इसके पीछे प्रमुख कारण रिसाव और ढक्कन खराब होने से बोतल के अशुद्ध हो जाने का था, लेकिन चूँकि 1.2 लीटर की नई बोतल अपेक्षाकृत मजबूत थी, अतः इन समस्याओं से निजात मिल गई। जहाँ एक लीटर के एक कैरट पर कंपनी को साढ़े चौवालीस रुपए का मुनाफा हो रहा था, वहीं 1.2 लीटर पर यह बढ़कर करीब 60 रुपए हो गया। प्रति कैरट मिलनेवाले साढ़े चौदह रुपए के अतिरिक्त मुनाफे को कंपनी ने प्रचार पर खर्च करने का निर्णय लिया। इसके अलावा कंपनी ने भीड़ भरे आयोजनों को लक्ष्य कर तीन सौ मि.ली. का कप भी पेश किया। इसी प्रकार सभी ब्रांडों की बोतलों के गोल होने के कारण ब्रांड प्रतिष्ठा पर पड़ रहे असर को देखते हुए कंपनी ने ना सिर्फ चौकोर बोतल पेश की, बल्कि डिजाइन को पेटेंट भी करा लिया। इसके बाद बिस्लेरी ने 'प्योर एंड सेफ' विज्ञापन अभियान को बंद कर 'प्ले सेफ' विज्ञापन शुरू किया। ब्रांड से युवाओं और मौजमस्ती को जोड़ने के लिए 'फन एलीमेंट' शामिल किया गया।

हाजिर है हिमालय का औषधीय पानी

आज बिस्लेरी अपने 2,000 से ज्यादा ट्रकों व 3,500 डिस्ट्रीब्यूटर्स के जरिए सवा तीन लाख रिटेल ऑउटलेट्स तक पहुँच रहा है। करीब 54 प्लांट के दम पर 1.5 करोड़ लीटर पानी रोज बेचनेवाली बिस्लेरी देश-दुनिया में छा गई। हालाँकि देश के सबसे प्रतिष्ठित टाटा समूह के माउंट एवरेस्ट कंपनी के हिमालय ब्रांड को खरीदने के साथ ही बिस्लेरी की चुनौती बढ़ गई है, लेकिन

चौहान ने इसका जवाब उत्तराखंड के रुद्रपुर में नया प्लांट लगाकर दिया है। कंपनी इसे अपने विदेशी ग्राहकों को संतुष्ट करने की एक पहल भी बता रही है जो हिमालय के ग्लेशियरों से निकला जड़ी-बूटियों के सत्ववाला माउंटेन वाटर पीना चाहते हैं। माना जा रहा है कि बिस्लेरी जल्दी ही विटामिन वाटर और फ्लेवर्ड वाटर भी लॉञ्च करेगी। नई योजनाओं के साथ बिस्लेरी जहाँ बाजार को भुनाने में लगी है, वहीं अपने कॉर्पोरेट सोशल रिस्पांसबिलिटी को जयंती चौहान ट्रस्ट के जरिए पूरा कर रही है। यह ट्रस्ट देश के कई राज्यों में भूगर्भीय जल को संरक्षित रखने, रेन वाटर हार्वेस्टिंग और चैक डेम निर्माण जैसे कामों को हाथ में लेकर प्रकृति को उसका दिया लौटा रहा है।

नई पीढ़ी भी मैदान में

खुद के लिए 70 बरस रिटायरमेंट उम्र माननेवाले बिस्लेरी के मालिक रमेश चौहान अब कारोबार नई पीढ़ी को सौंपने लगे हैं। पिछले 50 साल से सॉफ्ट ड्रिंक-मिनरल वाटर उद्योग में सक्रिय चौहान दुनिया के उन चुनिंदा उद्यमियों में हैं, जिन्होंने इतना लंबा समय किसी ब्रांड को बनाने और बचाए रखने में खर्च किया है। हाल ही में बिस्लेरी के मालिक रमेश चौहान की इकलौती संतान जयंती चौहान अपने पिता के कारोबार से जुड़ गई हैं। फैशन स्टाइलिंग, मर्चेडाइजिंग, मेकअप आर्ट और फोटोग्राफी के गुर सीखनेवाली 24 साल की जयंती बतौर निदेशक पारले बिस्लेरी में शामिल हो गई हैं। जयंती के इस फैसले ने उन सभी कयासों पर विराम लगा दिया है, जिनमें कहा जा रहा था कि बेटी के कारोबार में दिलचस्पी न रखने की वजह से रमेश चौहान देश का नंबर एक पैकेज्ड वाटर ब्रांड बिस्लेरी बेच देंगे। गुप डैनॉन और नेस्ले समेत कई कंपनियाँ बिस्लेरी को खरीदना चाहती थीं। जयंती कहती हैं कि पारिवारिक कारोबार सँभालने का फैसला करने के लिए मैंने वक्त लिया, पर मैं यहाँ अपनी मरजी से हूँ।

Bata
बाटा

कर्ज के धन से बना बाटा

इनसानी सभ्यता से आबाद धरती पर यदि सबसे पुरानी कोई हस्तकला है, तो वह है जूते बनाना। आवश्यकता आविष्कार की जननी है, इसी सिद्धांत पर आदिम मानव के हुनर से पत्थरों के हथियार और जूते लगभग साथ-साथ जनमे। अनादिकाल से आधुनिक काल तक ये ही दो ऐसी चीजें हैं, जिनका विकास निरंतर हो रहा है। जहाँ हथियार मानव की शक्ति की पहचान बने, तो जूते उस सफर का साधन, जो हमें 21वीं सदी तक ले आया है। 115 साल पुराने

Bata In Egyptian mythology, Bata is the goddess of fertility and cows, but the name of BATA shoes comes from 'Batovka'. It is the name of first fabric shoe produce by Tomas Bata with the help of mechanizes instruments. Bata logo looks like this since the pre-digital era of nineties, because they had one made in the meantime that is, but that would be most probably exclusive to them. In 1894 The T.&A. Bata Shoe Company is registered in Zlin, Czechoslovakia by the siblings Tomas, Anna and Antonin Bata. Innovative from the beginning it departs from century old traditions of the one-man cobblers' workshop. In 1895 Antonin leaves the Company to join the army, his sister Anna follows shortly after to get married. Tomas Bata takes over the company leadership alone. In the year 1897 Tomas introduces the "Batavia."

बाटा जूतों के संस्थापक, थॉमस जे. बाटा जूनियर के नाम से जानते हैं।

माँ के पैसे, बेटे का सपना

जूते बनाने की कला एक शानदार इतिहास, आरामदायक वर्तमान और उज्ज्वल भविष्य की कला है। इसी कला को बढ़ावा देनेवाला एक परिवार आज दुनिया के हर कोने में अपनी खास पहचान रखता है। यह परिवार है बाटा परिवार और इन्हीं की देन है बाटा ब्रांड, जिसकी जड़ें सुदूर यूरोपीय देश चेकोस्लोवाकिया (चेक रिपब्लिक) के एक छोटे से कस्बे ज्लिन से जुड़ी हुई है। यकीन नहीं होता कि आज दुनिया भर में मशहूर बाटा के जूते 18 साल के एक ऐसे युवा की देन है जिसने अपनी माँ से मात्र 800 फ्लोरिंस (चेक मुद्रा) लेकर कुछ नया करने की ठानी थी। 1580 से ज्लिन कस्बे में रहनेवाले बाटा परिवार की कई पीढ़ियों का गुजर-बसर जूते बनाने के पेशे से ही होता था। आमदनी इतनी ही थी कि परिवार पल जाए। लेकिन, 1894 में इस परिवार की किस्मत तब पलटी जब युवा पुत्र टॉमस ने बड़े सपने देखे और उन्हें पूरा करने का जोखिम उठाया। उसने पारंपरिक कारोबार को पेशेवर ढंग से करने के लिए अपनी बहन एन्ना और भाई एंटोनिन को साथ लिया। परिवार ने विरोध किया और इसे बचपना कहा। बड़ी मुश्किल से माँ को राजी किया और करीब 800 फ्लोरिंस की पूँजी जुटाई। उन्होंने काम शुरू करने के लिए गाँव में ही दो कमरे किराए पर लिये। वहाँ किस्तों पर ली दो सिलाई मशीनें तथा कर्ज लेकर खरीदा चमड़ा, कपड़ा, ऊन और बाकी सामान जमा कर कारोबार का श्रीगणेश किया। हुनर तीनों के हाथों में था, इसलिए पहले ही साल में उनके बनाए जूते चल निकले। उनके बनाए जूते सस्ते और मजबूत थे, इसलिए अच्छे ग्राहक मिलने लगे। कुछ ही समय में काम इतना बढ़ा कि उन्होंने 10 लोगों को नौकरी पर रख लिया। इसके अलावा करीब 40 लोग अपने-अपने घरों से उनके लिए काम करने लगे। पर, तभी पहला और बड़ा झटका लगा। टॉमस के भाई एंटोनिन की नौकरी सेना में पक्की हो गई और बहन एन्ना का ब्याह हो गया। दोनों को कारोबार छोड़ना पड़ा। रह गया अकेला टॉमस जो उस समय मात्र 19 साल का

था। यही युवा आगे चलकर अपने जूतों और रहमदिली के कारण टॉमस जी. बाटा सीनियर और शूज इंडस्ट्री के हेनरी फोर्ड के नाम से मशहूर हुआ।

मजदूर से मालिक

पूर्व राष्ट्रपति डॉ. ए.पी.जे. अब्दुल कलाम कहते हैं कि यदि आपकी ख्वाहिश कुछ बड़ा और अच्छा करने की है, तो उसके लिए आपके अंदर गहरी लगन होनी चाहिए। यह लगन टॉमस में थी, जिन्होंने अपने बड़े भाई-बहन के कारोबार छोड़ने के बाद भी एकाकी होने की हताशा को हावी नहीं होने दिया। उन्होंने अकेले काम सँभाला और मात्र 6 साल में ऐसी स्थिति में पहुँच गया कि दुकान छोटी पड़ने लगी। उसने गाँव के रेलवे स्टेशन के पास एक बड़ी इमारत में काम जमाया और आधुनिक तकनीक अपनाई। उन्होंने भाप से चलनेवाली मशीन से लाइनेन के जूते बनाने शुरू किए। ये जूते उन गरीब लोगों को बहुत भाए, जो चमड़े के बने महँगे जूते नहीं खरीद सकते थे। नई मशीनों से कारोबार बढ़ाने के लिए टॉमस को भारी कर्ज लेना पड़ा। एक दौर ऐसा भी आया, जब समय पर कर्ज न चुकाने के कारण दिवालिया होने की नौबत आ गई। लेकिन, समझदारी से सबकुछ ठीक हो गया। इसके बाद टॉमस और उनके तीन कर्मचारियों ने छह महीने तक न्यू इंग्लैंड की एक जूता कंपनी में मजदूर बनकर काम सीखा। उन्होंने कई अंग्रेज और जर्मन कंपनियों के कामकाज को बारीकी से देखा तथा उनकी कार्य-प्रणाली समझकर स्वदेश लौट आए। अब वे ऊर्जा व अनुभव से भरे हुए थे। उन्होंने नए ढंग से काम शुरू किया और बाटा परिवार के पुश्तैनी कारोबार को प्रोफेशनल कंपनी का रूप दिया तथा 1912 तक कारोबार अच्छी तरह जमा लिया। मजदूर बनकर काम सीखनेवाले टॉमस ने 600 मजदूरों को नौकरी दी और सैकड़ों को उनके घरों में ही काम मुहैया कराया। उन्होंने अपने ही नहीं, आसपास के दर्जनों गाँवों का कायाकल्प कर दिया। वे बहुत कुशल प्रबंधक व दयालु मालिक के रूप में उभरे। कर्मचारियों के लिए सस्ते घर,

फैक्टरी में खाने-पीने व चिकित्सा सुविधा मुफ्त देनेवाले टॉमस के साथ हर कोई काम करना चाहता था। उन्होंने अपने कर्मचारियों को विशेष प्रशिक्षण दिलवाया, जो तब दूरदृष्टि से भरी एकदम नई पहल थी। इसी समय उन्होंने निर्माण के साथ बिक्री की योजना बनाते हुए बाटा के एक्सक्लूसिव स्टोर्स शुरू किए, जहाँ सस्ते व मजबूत जूते उपलब्ध थे।

केस स्टडी बनी हिम्मत

समय का चक्र घूम रहा था और बाटा परिवार टॉमस की सूझबूझ से नई ऊँचाइयाँ छू रहा था। लेकिन, समय एक जैसा कभी नहीं रहता। साल की अथक मेहनत के पके फल का स्वाद लेने की बारी थी, जबकि पहला विश्व युद्ध छिड़ गया। बाटा को सेना के लिए जूते बनाने का ऑर्डर मिला, जो उन्होंने ईमानदारी से पूरा किया। सेना के लिए जूते बनाने के बाद काफी कच्चा माल 'बाय-प्रॉडक्ट' के रूप में निकला, जिससे उन्होंने गरीबों के लिए सस्ते जूते बनाए। 1918 में विश्व युद्ध खत्म हुआ तो पूरी दुनिया में मंदी का दौर शुरू हो गया। चेकोस्लोवाकिया के साथ बाटा परिवार का कारोबार भी इसकी चपेट में आ गया। महँगाई इतनी बढ़ गई कि खाने के लाले पड़ने लगे, ऐसे जूते खरीदना शौक न होकर सिर्फ एक जरूरी मजबूरी बन गई। उस पर, देश की मुद्रा का 75 फीसदी अवमूल्यन हो गया। उद्योग जगत् ने उत्पादन घटा दिया तो हजारों की नौकरियाँ खत्म हो गईं और उद्योगों के लिए अस्तित्व बचाने का संघर्ष शुरू हो गया। ऐसे दौर में फिर किसी ने हिम्मत दिखाई तो वे थे—टॉमस जी. बाटा। बाकी उद्यमियों की तरह उन्होंने हालात पर रोना-धोना नहीं किया और न ही सरकार को कोसा। बाटा सीनियर ने उद्यमियों का आह्वान किया कि हम साथ मिलकर बाजार को फिर से खड़ा करेंगे। उन्होंने घोषणा कर दी कि बाटा अपने जूतों के दाम आधे कर रहा है। यह आश्चर्यजनक फैसला था। लोग बाटा को मूर्ख कहकर हँस रहे थे। कंपनी प्रबंधन भी तब विरोध में उतर आया, जब लागत घटाने के लिए बाटा ने कर्मचारियों की तनख्वाह 40 फीसदी कम कर दीं। तमाम विरोधों के बावजूद बाटा नहीं झुके। उन्होंने समर्पित कर्मचारियों को खाना,

कपड़े और रहने की मुफ्त सुविधा देकर उत्पादन जारी रखा। नई परंपरा शुरू करके, उत्पादन व बिक्री बढ़ानेवाले कर्मचारियों को प्रोत्साहन भत्ता दिया और राष्ट्रीय स्तर पर विज्ञापन अभियान चलाया। इस दिलेरी के अच्छे नतीजे मिले। आधी कीमतोंवाले बाटा के जूतों ने बाजार लूट लिया। मंदी के बावजूद ग्राहक जूते खरीदने टूट पड़े और

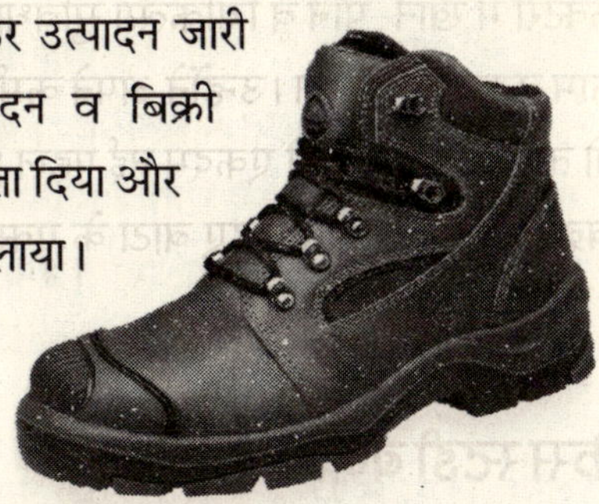

नौबत यह आ गई कि बाटा को ज्यादा कर्मचारी रखकर उत्पादन को दस गुना बढ़ाना पड़ा। वैश्विक मंदी के दौर में बाटा कंपनी का यह जोखिम भरा निर्णय मैनेजमेंट के छात्रों के लिए एक केस–स्टडी बन गया है।

दुनिया के कदमों में बाटा ब्रांड

विश्व युद्ध के बाद के 15 साल में दाम घटाने के फार्मूले से बाटा ने जबरदस्त उन्नति और विस्तार किया। बाटा का जूता उत्पादन करीब 15 गुना बढ़ा और करीब 27 देशों में फैल गया। इनमें भारत भी एक था। बाटा स्टोर्स की रिटेल चेन भी हिट हो गई और उसकी सैकड़ों फ्रेंचाइजीस खुलने लगीं। इस दौर में बाटा ने जूतों के दामों में औसतन 82 फीसदी कमी की थी, जबकि कर्मचारियों की तनख्वाह 100 फीसदी बढ़ा दी थी। कंपनी इतनी प्रसिद्ध हो गई कि जिन देशों के शब्दकोश में 'शूज' शब्द नहीं था, वहाँ बाटा के उत्पादों को करेंसी, यानी मुद्रा जैसा सम्मान मिला। इसी दौरान बाटा ने 50 साल आगे की सोचते हुए जूतों के अलावा मोजों, चमड़े की चीजों, रसायनों, जूते बनाने की मशीनरी, टायर, रबर की चीजें जैसे उत्पाद बनाकर कंपनी का डायवर्सीफिकेशन किया। अब बाटा शू एक कंपनी न रहकर एक ग्रुप के रूप में स्थापित हो गया। बाटा ने खुद की ट्रांसपोर्ट कंपनी बनाई और जल्दी ही दुनिया का सबसे बड़ा शूज एक्सपोर्टर बन गया। टॉमस बाटा को हवाई जहाज से बेहद लगाव था। उन्होंने विमान निर्माण क्षेत्र में भी कदम बढ़ाए और अपने पुश्तैनी

गाँव के नाम पर ज्लिन एयर कंपनी स्थापित की। टॉमस बाटा ने अपना मुख्यालय ऐसी इमारत में बनाया जो यूरोप में सबसे ऊँची कंक्रीट इमारत मानी जाती है। इसकी खास बात थी इसमें लगी वह लिफ्ट, जो टॉमस बाटा के ऑफिस को एक फ्लोटिंग ऑफिस में बदल देती थी। वे बिना अपनी सीट से उठे हर मंजिल पर काम करते हुए अपने कर्मचारियों पर नजर रख सकते थे।

उठा-पटक में उलझा साम्राज्य

1930 के आसपास फिर एक बार मंदी का दौर हावी हुआ। यूरोप में बाटा का कारोबार लगभग हर देश में फैल गया था और अब एशिया लक्ष्य था। सिंगापुर के बाद बाटा ने भारत में दस्तक दी। यह 1931 का साल था। इसके ठीक एक साल बाद 10 जुलाई, 1932 को टॉमस बाटा ने अपने वरिष्ठ प्रबंधकों की मीटिंग बुलाई और अप्रत्याशित योजना बताते हुए कहा कि हमें अपने मुख्यालय को उत्तरी अमेरिका ले जाना चाहिए। पर, यह योजना पूरी न हो सकी। दो दिन बाद 12 जुलाई को 56 वर्षीय टॉमस बाटा एक हवाई हादसे में चल बसे। दुर्भाग्य से उनके विमान के साथ यह हादसा उन्हीं की इमारत की चिमनी से टकराने के बाद हुआ।

टॉमस बाटा का निधन

यह एक युग का अवसान था। टॉमस अपने पीछे छोड़ गए थे 22 साल का बेटा थॉमस और ऐसा विशाल कारोबार, जो विश्वव्यापी हो गया था। हालाँकि थॉमस को पिता से कारोबार की जरूरी नसीहतें और अनुभव मिले थे, पर उन्हें नौसिखिया ही माना गया। इसलिए कारोबार की महत्त्वपूर्ण जिम्मेदारियाँ उनके चाचा झैन बाटा ने सँभालीं। मुख्यालय को शिफ्ट करने की योजना 1939 में तब अमल में आई, जबकि दूसरे विश्व युद्ध के दौरान जर्मनी ने चेकोस्लोवाकिया पर धावा बोल दिया। मार्च के महीने में युवा थॉमस एक नया सफर शुरू करते हुए अपने 180 सहयोगियों समेत अमेरिका के बजाय कनाडा जा पहुँचे। उन्होंने कनाडा सरकार से फ्रैंकफर्ट, ओंतारियो में फैक्टरी खोलने की

अनुमति लेकर एक पेपर मिल खरीदी और मित्र देशों की सेना की मदद के उपकरण बनाने लगे। उधर, झैन बाटा जूतों व बाकी चीजों का कारोबार अपने ढंग से चला रहे थे। चाचा-भतीजे में मतभेद तब बढ़े, जब चाचा ने अपना मुख्यालय अमेरिका और बाद में ब्राजील शिफ्ट कर दिया। अब पारिवारिक मतभेद कॉरपोरेट युद्ध में तब्दील हो गए और मामला कोर्ट तक जा पहुँचा। इसका निपटारा करीब 25 साल बाद 1966 में जाकर हुआ, जब थॉमस बाटा को अपना जायज हक मिला। कनाडा में मुख्यालय बनाने के बाद थॉमस ने अच्छी तरक्की की और कई विकासशील देशों में विस्तार किया। इसी दौरान थॉमस की जिंदगी में एक महिला सोनजा आई, जो पेशे से आर्किटेक्ट थी। दोनों ने शादी की। सोनजा सही जीवनसंगिनी साबित हुई। उसके प्रभाव में बाटा के उत्पादों में कलात्मकता आई और मार्केटिंग नेटवर्क भी सुधरा। 1950 में बाटा ग्रुप की 46 देशों में 56 फैक्टरियाँ थीं, तो बाटा समूह 1980 तक 115 देशों में 6,000 से ज्यादा अपने स्वामित्व के और 1.25 लाख स्वतंत्र रिटेल स्टोर्स की श्रृंखला संचालित कर रहा था। पचास साल से ज्यादा के कार्यकाल के बाद 1994 में 80 वर्षीय बाटा ने अपने बेटे थॉमस जार्ज बाटा जूनियर को कारोबार सौंप दिया। इसके बाद भी कई उतार-चढ़ाव आए, जिसमें दो बार कंपनी को गैर-बाटा परिवार के प्रबंधकों ने सँभाला। सन् 2001 से कारोबार को थॉमस जूनियर ने अपने नियंत्रण में ले लिया और नई नीतियों के साथ विस्तार प्रारंभ किया। बाटा परिवार की तीसरी पीढ़ी के मालिक के बड़े फैसलों में एक है—पूरे ग्रुप को चार बिजनेस यूनिट में बाँटना, दुनिया भर में बाटा शू इनोवेशन सेंटर्स खोलना, चीन में विस्तार करना तथा भारत में कोलकाता के पास 2,500 घरों का विशाल बाटानगर कॉम्प्लेक्स बनाना। बाटा परिवार के लिए दु:खद दिन 1 सितंबर को तब आया, जब 93 वर्षीय थॉमस जे. बाटा अपने जन्मदिन के एक हफ्ते पहले दुनिया को अलविदा कह गए। उनके निधन से भारत ने अपना एक दोस्त खोया।

भारत का बाटा

भारत में बाटा करीब 80 साल पहले सन् 1931 में ही पहुँच गया था। बाटा ने पहली फैक्टरी प. बंगाल के कोन्नागर में खोली, जो बाद में बाटानगर में शिफ्ट हो गई। इसके बाटागंज—बिहार, फरीदाबाद—हरियाणा, पिनया—कर्नाटक और होसुर—तमिलनाडु समेत पाँच फैक्टरियाँ शुरू हुईं। इन सभी जगहों पर चमड़ा, रबर, कैनवास व पीवीसी से सस्ते, आरामदायक और मजबूत जूते बनाए जाते हैं। आज देश में हर उम्र व पसंदवाले करीब एक लाख ग्राहक हर रोज बाटा के जूते खरीदते हैं। 1,250 रिटेल स्टोर्स और 8,000 से ज्यादा कर्मचारियों के साथ बाटा इंडिया का सफर 80 साल पूरे करने जा रहा है। यह भारत के लिए गौरव की बात है कि बाटा इंडिया बहुराष्ट्रीय बाटा समूह की सबसे बड़ी इकाई है। कंपनी की भारतीय जूता बाजार में 35 फीसदी हिस्सेदारी है। सालाना टर्नओवर करीब 800 करोड़ रुपए है।

भारत में बाटा ऐसा शू ब्रांड है, जिसका अपना लॉयल ग्राहक समुदाय है। ब्रांड गुरु जिसे ब्रांड 'रीकॉल' कहते हैं, वह मार्केट की ऊँच-नीच से प्रभावित होता है, पर मार्केट से गुम नहीं होता। बाटा इंडिया के साथ यह हुआ है। वित्तवर्ष 2004 में 229 करोड़ रुपए की बिक्री के बावजूद बाटा इंडिया को 63 करोड़ रुपए का घाटा हुआ, पर अगले ही वर्ष इसने 753 करोड़ रुपए की बिक्री कर 13 करोड़ रुपए का मुनाफा अर्जन किया। वित्तवर्ष 2008 में बिक्री 1,024 करोड़ रुपए और मुनाफा 61 करोड़ रुपए हो गया। इसका श्रेय बाटा इंडिया के चेयरमैन प्रिय मोहन सिन्हा को है। पेप्सी और हिंदुस्तान लीवर में महती जवाबदारी सँभाल चुके प्रिय मोहन सिन्हा के अनुसार, बाटा जैसे ग्राहकों के लॉयल ब्रांड को दुर्दिनों से उबारने की कोशिश एक रोमांचक अनुभव है।

Aquaguard
WATER PURIFICATION SYSTEM
Absolutely safe drinking water

एक्वागार्ड

स्वस्थ जिंदगी का पानी–एक्वागार्ड

एक्वागार्ड ऐसा ब्रांड है, जो किसी उत्पाद से पहले एक सोच को बेचता है। यह सोच है शुद्ध व सुरक्षित पानी, यानी स्वस्थ और खुशहाल जिंदगानी। दिलचस्प बात यह है कि हम सब इस बात को जानते और मानते हैं, पर शुद्ध जल पर खर्च करने से बचते हैं। हम सोचते हैं कि यह सरकार की जवाबदारी है कि वह घर-घर तक पहुँचाए साफ-स्वच्छ सुरक्षित पानी।

विधाता की स्वचलित जल उद्जन प्रणाली (ऑटो रन हाइड्रोलॉजिकल सायकल) अद्‍भुत है। इससे ही हमें समुद्र से हर साल खरबों लीटर पानी मिलता है; पर इसमें होते हैं—पारा, सीसा, संखिया, सूक्ष्म जीव-जंतु,

---

Aquaguard (WATER PURIFICATION SYSTEM, Absolutely safe drinking water) - Because water sustains all life, the premier brand and logo value of Aquagaurd is trust that takes on a spiritual dimension. The company's vision has expanded beyond quality, beyond simply innovation and service, to encompass expertise in recommending the right solution for specific customer needs. No other brand comes close. Aquaguard is truly a brand for the changing times and continues to remain a symbol of sustainable modern living. Aquaguard has unmatched expertise in five water purification technologies and over twenty product solutions that address more than seventeen diverse water conditions.

घुलनशील ठोस, वेस्ट, ऑर्गेनिक कंपाउंड्स और बैक्टीरिया जैसे कई जहर। वाटर ट्रीटमेंट प्लांट्स पर शुद्धीकरण के बाद यह पानी हमारे घर पहुँचता है। यह साफ दिखता है, पर शुद्ध नहीं होता। यूनाइटेड नेशंस की इकोनॉमिक ऐंड सोशल राइट्स कमेटी के अनुसार, शुद्ध व सुरक्षित पेयजल मानवाधिकार है, जिसका सारी दुनिया में उल्लंघन हो रहा है। अविकसित और विकासशील देशों में हर साल लाखों लोग, खासकर बच्चे, अशुद्ध पेयजल के कारण असमय मर रहे हैं। 40 साल पहले इस निष्कर्ष को एक चुनौती के रूप में स्वीकार करते हुए हमारे देश में एक्वागार्ड जनमा था, जो शुद्ध पानी का वैसा ही पर्याय बन गया है, जैसे—वनस्पति यानी डालडा। 7 करोड़ लीटर से ज्यादा एक्वागार्ड वाटर आज हम लोग इस विश्वास के साथ पी रहे हैं कि अब जलजनित संपूर्ण रोगों से बच जाएँगे।

एक्वागार्ड की जनक है यूरेका फोर्ब्स लिमिटेड, जिसकी सन् 1982 में टाटा संस की फोर्ब्स गोकक लिमिटेड और स्वीडन की इलेक्ट्रोलक्स ने स्थापना की थी। शपूरजी पैलोनजी मिस्त्री ने सन् 2002-03 में फोर्ब्स गोकक में टाटा संस की हिस्सेदारी खरीद ली। कुछ दिनों बाद इलेक्ट्रोलक्स ने भी इस संयुक्त वेंचर को छोड़ दिया, तो यूरेका फोर्ब्स शपूरजी पैलोनजी ग्रुप के संपूर्ण नियंत्रण में आ गई। शपूरजी पैलोनजी मिस्त्री आज फोर्ब्स गोकक के चेयरमैन हैं, पर एक्वागार्ड ब्रांड के प्रमोटर हैं सुरेश गोकलने, जो कंपनी के वाइस चेयरमैन हैं। इसके पहले वे करीब दो दशक तक ब्रांड मैनेजर रहे हैं। इस हैसियत से उन्होंने ही वाटर प्यूरीफायर के पहले यह सोच बेची कि शुद्ध पेयजल यानी स्वस्थ और खुशहाल जिंदगी।

इस अद्भुत मार्केटिंग रणनीति का सुफल मिला। आज एक्वागार्ड ऐसा वाटर प्यूरीफायर ब्रांड है, जिसे इंडियन मेडिकल एसोसिएशन मान्य करता है। 'रीडर्स डाइजेस्ट' की पान एशिया कस्टमर स्टडी ने एक्वागार्ड को दो बार प्लेटिनम ब्रांड का दर्जा दिया है। हार्वर्ड बिजनेस स्कूल में इस ब्रांड की सक्सेस स्टोरी एक केस स्टडी के रूप में पढ़ाई जाती है। विश्वविख्यात मार्केटिंग गुरु फिलिप कोटलर ने अपनी पुस्तक 'मार्केटिंग मैनेजमेंट' में इसका उल्लेख

किया है। यह पुस्तक मार्केटिंग प्रोफेशनल्स की बाइबिल है। यूरेका फोर्ब्स को एशिया मेक व इंडिया मेक अवॉड्र्स मिले हैं। ये अवॉड्र्स एशिया महाद्वीप में नॉलेज चैंपियन माने जाते हैं। एक्वागार्ड के कारण ही फोर्ब्स शोकक को यूनेस्को वाटर डाइजेस्ट अवॉर्ड 2007-08 मिला और कहा गया कि कंपनी जो डोमेस्टिक वाटर सॉल्युशंस प्रदान करती है, उन्होंने करोड़ों लोगों को जलजनित रोगों से बचाया है।

सरकार लाख कोशिश करे, पर देश की 100 करोड़ से ज्यादा आबादी को शुद्ध पेयजल नहीं उपलब्ध करवा सकती, हालाँकि जानती है कि 80 फीसदी संक्रामक रोगों का कारण है अशुद्ध पेयजल। फोर्ब्स शोकक का दावा है कि एक्वागार्ड वाटर उतना ही शुद्ध है जितना 20 मिनट तक उबाला गया पानी, जिसे विश्व स्वास्थ्य संगठन ने पेयजल के रूप में मान्य किया है। कंपनी का यह भी दावा है कि उसके आर. ऐंड डी. विभाग ने जो जल शुद्धीकरण तकनीक विकसित की है, वह इतनी संपूर्ण है कि किसी भी स्रोत (नदी, तालाब, बोरवेल, टंकी या ओवरहेड टैंक) का कैसा भी प्रदूषित जल हो, उसे एक्वागार्ड सुरक्षित पेयजल में बदल देता है। इनमें उल्लेखनीय है, इंटरनेशनल टेक्नोलॉजी जैसे नानो-सिल्वर, एंटी माइक्रोबिलय प्रोटेक्शन, अल्ट्राफिल्ट्रेशन से लेकर मानव स्वास्थ्य के हितकारी खनिजों की रक्षा-सुरक्षा करनेवाली मिनरल प्रिजर्वेशन तकनीक (खनिज सुरक्षा तकनीक)। बी.एल.डब्ल्यू.-जी टेक्नोलॉजीयुक्त टोटल सेंसा तो भारतीय परिवारों के लिए सर्वथा उपयुक्त है, जिनके जलस्रोत हर सप्ताह और कभी-कभी तो हर रोज बदल जाते हैं। टोटल सेंसा इतनी बुद्धिमान तकनीक है कि यह जल की नस्ल पहचानकर उसके शुद्धीकरण का तरीका खुद ही चुन लेती है। कंपनी का एक और प्रोडक्ट है—दुनिया का पहला गोल्ड स्टैंडर्ड वाटर प्यूरीफायर, जिसे पेटेंटेड परिस्थितिजनक शुद्धीकरण प्रणाली के अलावा श्योर टेक्नोलॉजी का भी पेटेंट मिला हुआ है। यह टेक्नोलाजी पेस्टिसाइड, इंडिस्ट्रयल वेस्ट, आर्गेनिक कंपाउंड्स व सीसा के दुष्प्रभाव को समाप्त करती है। सुरेश गोकलने का कहना है कि आगामी दो-तीन सालों में हम ऐसी जल शुद्धीकरण तकनीक खोज लेंगे, जो 10 पैसे प्रति

लीटर लागत पर देश की ग्रामीण आबादी को ऐसा शुद्ध जल उपलब्ध करवाएगी, जो उन्हें आंत्रशोथ (ग्रेस्टो इंटेरिका), हेपेटाइटिस, पोलियो, डायरिया जैसे रोगों से बचाएगा।

भारतीय उपभोक्ता को केवल तकनीक को प्रमोट करके कोई उत्पाद नहीं बेचा जा सकता। उनकी खरीद का एक पैमाना मूल्य है। इस मार्केटिंग सोच को यूरेका फोर्ब्स ने समझा और 1,800 रुपए से 18,000 रुपए मूल्य रेंज के वाटर प्यूरीफायर लॉञ्च किए, तो उनको सबसे अलग अंदाज में प्रमोट भी किया। जी हाँ, एक्वागार्ड घर-घर तक पहुँचे 'यूरे चेंपस' के जरिए, जो इसके डायरेक्ट सेल स्टाफ का 'निकनेम' है। यूरे चेंपस एशिया का सबसे बड़ा डायरेक्ट सेल्स नेटवर्क है, जो हर साल 6 करोड़ भारतीय परिवार यानी प्रतिदिन 1,500 रसोईघरों तक सीधे पहुँचता है।

इनके सहयोगी हैं 200 से ज्यादा देशव्यापी कस्टमर रिस्पांस सेंटर, 1,000 से ज्यादा बिक्री बाद सेवा साझेदार और 6,000 सर्विस टेक्नोक्रेट्स, जो घर-घर पहुँचकर वाटर प्यूरीफायर की देखरेख करते हैं। इतनी व्यापक मार्केटिंग रणनीति का ही सुफल है कि केंट, उषा ब्रिटा, अल्फा, एच.यू.एल., पोलर जैसे एक दर्जन से ज्यादा प्रतिद्वंद्वियों पर भारी है एक्वागार्ड।

'फोर्ब्स गोकक लिमिटेड' घरेलू व वाणिज्यिक उपभोक्ताओं के लिए सिक्यूरिटी सॉल्युशंस एवं यूरोक्लीन ब्रांड नाम से क्लीनिंग उपकरण के साथ क्लीनिंग व हायजिन उत्पाद भी बनाती व बेचती है। कंपनी अपने उत्पादों व सेवाओं के प्रमोशन के लिए प्रिंट व इलेक्ट्रॉनिक मीडिया का सशुल्क सहयोग

प्राप्त करती है, तो ऑनलाइन प्रमोशन भी करती है। यूरेका फोर्ब्स सामाजिक जवाबदारी के निर्वहण में भी पीछे नहीं है। हालाँकि, ऐसी सारी गतिविधियों का निहितार्थ है शुद्ध व सुरक्षित जल के प्रति जन-चेतना जाग्रत् करना। इस मंशा से कंपनी स्कूल-कॉलेज, विकलांगों के संस्थानों, झोंपड़-पट्टी व ग्रामीण क्षेत्रों के समाज-सेवा संगठनों को नि:शुल्क वाटर प्यूरीफायर प्रदान करती है। सन् 2004 में सुनामी से प्रभावित लोगों के लिए कंपनी ने सेल्फ वाटर हेल्पलाइन स्थापित की थी। यूरो इन्वायरो क्विज ने 5 लाख से ज्यादा छात्रों को शुद्ध पेयजल व शुद्ध पर्यावरण के प्रति चैतन्य किया है। यूरो स्कूल ऑफ एन्वायरमेंट और यूरो रेनवाटर हार्वेस्टिंग के अलावा 'नाना-नानी पार्क' भी दिलचस्प पहल है, जिसने भारतीय महिलाओं को विश्वास दिलाया है कि एक्वागार्ड वाटर उनके परिवार के लिए लक्जरी नहीं, वैसे ही जरूरी है, जैसे चिकित्सक या औषधियाँ।

> ऊँचाइयों पर पहुँचनेवाले बाधाओं से नहीं डरते। बाज के आसानी से तेज गति से उड़ने की राह में इकलौती बाधा हवा है, पर हवा न हो तो बाज उड़ भी नहीं सकता। वह तत्काल जमीन पर गिर जाएगा। उड़ने की शर्त ही उड़ने में बाधा भी है। जो ऊँचाई पर पहुँचना चाहते हैं, वे बाधाओं से नहीं डरते।

Fair & Lovely

फेयर ऐंड लवली

गोरेपन का राज फेयर ऐंड लवली

किसे नहीं चाहिए गोरापन और निखरी त्वचा ? खूबसूरत दिखने के लिए लोग लाखों जतन करते हैं ! एक नशे और जुनून की हद तक पीड़ा सहते हैं, भूखे रहते हैं, संकल्प करते हैं और अपने कायाकल्प के सपने देखते हुए दूसरों से खुद की तुलना करते हैं ! पॉप सिंगर माइकल जैक्सन को याद करें। असमय दिवंगत हुए इस महान् गायक ने गोरा और सुंदर बनने के लिए अपनी पूरी चमड़ी तक बदलवा ली थी। जैक्सन को गोरा बनने की सनक 1970 के दशक में उस समय चढ़ी, जब उन्होंने देश-विदेश में नस्लीय भेदभाव देखा। उनकी इस सनक को बाजार ने एक बड़े मौके के रूप में लपका। बाजार की इन्हीं ताकतों में से एक थी मशहूर एफ.एम.सी.जी. कंपनी हिंदुस्तान लीवर

Fair & Lovely The beautiful logo of Fair & Lovely says- a woman's passion for beauty is universal and catering to this strong need is the world's largest selling fairness cream. Fair & Lovely (FAL) was. Launched 35 years' back, the product revolutionized the skincare market, being the first fairness cream in India & World's No. 1.There is a trust factor that has been handed down over the decades, and brand has played an important role in making Fair & Lovely the brand it is today.

लिमिटेड (एच.एल.एल.)। सन् 1888 से भारत के बाजार और करोड़ों लोगों की लाइफ स्टाइल का अहम हिस्सा बनी इस कंपनी को अब हिंदुस्तान यूनीलीवर के नाम से जाना जाता है।

आपातकाल में टूटी साँवलेपन की जंजीरें

सन् 1975 में जब भारत आपातकाल की जंजीरों में जकड़ा था, उसी साल हिंदुस्तान लीवर की प्रयोगशालाओं में एक अहम कोशिश जारी थी, साँवलेपन की जंजीरों को तोड़ने की। हालाँकि साँवलापन कोई अभिशाप नहीं है। ब्लैक ब्यूटी का अपना अद्‌भुत सम्मोहन है, यानी साँवला होना कोई शर्म की बात भी नहीं और न ऐसा कोई कारण ही, जिसके लिए साँवले व्यक्ति खुद को हीन या छोटा समझें। खैर, 1975 में एच.एल.एल. के वैज्ञानिकों की कोशिशें रंग लाईं।

उन्होंने विटामिन बी-3 (नियासिनामाइड) और सूरज की पराबैंगनी किरणों से सुरक्षा देनेवाली सनस्क्रीन लोशन को मिलाकर नया फॉर्मूला ईजाद किया। इसके बाद कंपनी ने दावा किया कि उनका फॉर्मूला मानव शरीर की कोशिकाओं में मैलेनिन नामक उस पिगमेंट (रंजक) पर नियंत्रण कर सकता है, जिसके कारण त्वचा का रंग साँवला या काला पड़ जाता है। गोरे लोगों में इस पिगमेंट की मात्रा बहुत कम होती है और काले लोगों में बहुत ज्यादा। दिलचस्प

बात है कि 1975 के इसी साल में बॉलीवुड की साँवली-सलोनी एक्ट्रेस काजोल भी पैदा हुई थीं और गोरी-चिट्टी प्रीति जिंटा भी। बहरहाल, एक बार फॉर्मूला मिल जाने के बाद करीब तीन साल लगे और सामने आया एक ऐसा ब्रांड, जिसका आज तक कोई सानी नहीं है।

42 दिन में गोरा बनाने का दावा

वर्ष 1975 से 1978 के दौरान अवतार लेनेवाला यह चमत्कारिक ब्रांड है—फेयर ऐंड लवली, जो दुनिया की पहली फेयरनेस क्रीम मानी जाती है और आज 30 साल बाद भी उतनी ही प्रभावी है। कंपनी ने इसका पेटेंट प्राप्त किया और व्यावसायिक उत्पादन के लिए वैश्विक स्तर पर रणनीति तैयार की तो इस कारोबारी रणनीति का केंद्र बना, क्रीम की जनमभूमि भारत। '70 के दशक में अपने नाम के अनुरूप गोरा और मोहक बनाने का दावा करनेवाली यह क्रीम चूँकि एक नए फॉर्मूले के साथ मार्केट में लॉञ्च हुई थी, इसलिए इसे अपनी पैठ बनाने में ज्यादा दिक्कतें नहीं हुईं। यह वह दौर था, जबकि भारत जैसे विकासशील देशों में फैशन और कृत्रिम तरीके से परफेक्ट लुक पाने जैसी बातें सिर्फ अमीरों के लिए थीं। ऐसे दौर में मात्र 6 हफ्ते यानी 42 दिन में कोई क्रीम गोरा बनाने का दावा करे तो लोगों का चौंकना स्वाभाविक था। किसी ने इसे चमत्कार कहा तो किसी ने इसे अमीरों की सनक, मार्केटिंग गिमिक्स, उत्पाद बेचने का फंडा। बाजार और जीवन में बदलाव आसानी से जगह नहीं बना पाते। सुंदरता निखारने के पारंपरिक नुस्खों पर अमल करनेवाले बहुसंख्यक भारतीय उपभोक्ताओं के लिए फेयर ऐंड लवली वाकई एक अजूबा थी। यहाँ तारीफ करनी होगी एच.एल.एल. प्रबंधकों की, जिन्होंने दाम और विज्ञापन दोनों ही हथियारों का कारगर प्रयोग कर ग्राहकों को इस ब्रांड का मुरीद बना दिया।

चेहरा निखरा, मिली मॉउथ पब्लिसिटी

फेयर ऐंड लवली अपनी लॉन्चिंग के छठे साल यानी 1984 तक पूरे बाजार पर कब्जा कर नंबर वन बन चुकी थी। इस बात को यूँ भी समझ सकते हैं कि फेयर ऐंड लवली से पहले भारत के कॉस्मेटिक बाजार में फेयरनेस क्रीम जैसा कोई उत्पाद सेगमेंट था ही नहीं। इस क्रीम के आने के बाद बाजार में हलचल हुई और वह उन ग्राहकों को खींचने लगा, जो सिर्फ और सिर्फ गोरा होने और अच्छा दिखने के मिशन में लगे रहते हैं। इसमें उन युवतियों की संख्या सर्वाधिक थी जिन्हें मेक-अप करना, खुद को आकर्षक दिखाना ज्यादा पसंद था या वे सब जो किसी खास मकसद से खुद को तैयार कर रही थीं। क्रीम ने फिल्मी अभिनेत्रियों और बड़े घरों की महिलाओं को भी खूब लुभाया। इन सबसे साँवले या काले होने से परेशान युवाओं में जिज्ञासा जनमी और फेयर ऐंड लवली दौड़ पड़ा। यह क्रीम लगाकर हर कोई गोरा होने निकल पड़ा। कुछ क्रीम का असर हुआ तो शेष काम मनोविज्ञान ने पूरा कर दिया। महिलाओं को महसूस होने लगा कि वे गोरी हो रही हैं, उनका रंग निखर रहा है। प्रचार के सबसे प्रभावी तरीके माउथ पब्लिसिटी ने काम किया तो कंपनी ने भी अपने टी.वी. और अखबारी विज्ञापनों में नई-नई सिने तारिकाओं, मशहूर महिलाओं के मुँह से इस क्रीम की पुष्टि कराने में देरी नहीं की। दिलचस्प बात यह है कि इमामी ने फेयर ऐंड लवली को फीमेल क्रीम बताते हुए पुरुषों के लिए एक्सक्लूसिव फेयरनेस क्रीम लॉन्च करके एक नई पहल की।

ब्लीचिंग एजेंट और फेयर ऐंड लवली का दावा

ध्यान दें कि फेयर ऐंड लवली लॉन्च हुई तब से इसके गोरे बनाने के दावों को झुठलानेवाले भी पीछे नहीं हैं। इसके विज्ञापनों की थीम का भी काफी विरोध हुआ है। वृंदा करात जैसी कई महिला नेत्रियों ने इस क्रीम के विज्ञापनों को नस्लीय भेद बढ़ानेवाला बताया है। दूसरी ओर कई त्वचा विशेषज्ञों ने भी

इस दावे को गलत बताया है कि कोई क्रीम किसी साँवले या काले इनसान को गोरा बना सकती है। उनका तर्क है कि मिलेनिन पिगमेंट त्वचा के निचले स्तर में बनता है और ऊपर के स्तर में पहुँचता है, जबकि क्रीम सिर्फ ऊपर के स्तर तक ही सीमित रहती है। ऐसे में मिलेनिन के बनने पर नियंत्रण का दावा ठीक नहीं लगता। भारत, बँगलादेश, थाईलैंड समेत कई देशों के डर्मेटोलॉजी के विशेषज्ञ इस बात से असहमत हैं कि बिना कोई ब्लीचिंग एजेंट के कोई क्रीम गोरा बना सकती है। इन ब्लीचिंग एजेंटों में हाइड्रोक्विनोन, स्टीरॉइड, मरक्यूरी साल्ट और कई अन्य हानिकारक केमिकल एजेंट होते हैं। वहीं, फेयर ऐंड लवली का दावा है कि उसके फॉर्मूले में कोई ब्लीचिंग एजेंट नहीं है। इसमें सिर्फ एक्टिव इनग्रेडिएंट हैं, जो त्वचा को निखारते हैं।

गोरेपन की मनोभावना को बाजार में भुनाया

एक सर्वे के मुताबिक, हमारे देश में करीब 20 से 25 फीसदी लोग ऐसे हैं जो अपने जनमजात रंग से खुश नहीं हैं। वे गोरे होना चाहते हैं। बस, फेयर ऐंड लवली ने इन्हीं लोगों की मनोभावना को बाजार में भुनाया है। एशिया और अफ्रीका महाद्वीप में भी कमोबेश ऐसी ही स्थिति है। इसी वजह से 1988 में फेयर ऐंड लवली ब्रांड बाकी दुनिया को निखारने चल पड़ा है। सोची-समझी

रणनीति के तहत इसे बाजारों में लॉञ्च किया गया, जहाँ के लोगों की त्वचा

साँवली या काली है। आपकी जानकारी के लिए बता दें कि गोरे लोगों की त्वचा काकेशियन प्रकार की होती है और उसमें झुर्रियाँ जल्दी पड़ती हैं, इसलिए उनकी 'कॉस्मेटिक विश लिस्ट' में फेयरनेस के बजाय एंटी एजिंग फॉर्मूले ज्यादा होते हैं। गार्नियर, लॉरियल, पॉड्स जैसी कंपनियों की इस एंटी एजिंग बाजार बहुत अच्छी पकड़ है। भारत में फेयर ऐंड लवली ने बेसिक क्रीम के कई सहयोगी उत्पाद भी बाजार में उतारे हैं, जिससे एक अच्छा फेयरनेस प्रोडक्ट बुके तैयार हो गया है। इनमें आयुर्वेदिक फेयर ऐंड लवली, पुरुषों के लिए अलग क्रीम, मल्टी विटामिन फेयर ऐंड लवली, एंटी मार्क्स फेयर ऐंड लवली, डीप स्किन शेड फेयर ऐंड लवली प्रमुख हैं। इसके अलावा लोशन, मिल्क और साबुन भी हैं। ये सभी उत्पाद भारत की विविधता भरी जलवायु और जीवन-शैली को ध्यान में रखकर तैयार किए गए हैं। वैसे आज 40 से भी ज्यादा देशों में 3 करोड़ से ज्यादा ग्राहकों की पसंद बना फेयर ऐंड लवली ब्रांड अपनी धाक जमाकर सबसे ज्यादा बिकनेवाली फेयरनेस क्रीम बन चुका है। भारत में हिंदुस्तान यूनिलीवर के 65 से ज्यादा उत्पादों में फेयर ऐंड लवली ब्रांड टॉप थ्री में एक है।

कमाई और प्रतिष्ठा समाज के साथ साझा

हमारे देश में फेयरनेस मार्केट का आकार करीब 1 हजार करोड़ रुपए सालाना है। फेयर ऐंड लवली ब्रांड पिछले तीन दशकों से इस मार्केट का सिरमौर बना हुआ है। इमामी, डाबर जैसी कई प्रतियोगी कंपनियों ने भी फेयर ऐंड लवली की राह पर चलते हुए अपने फेयरनेस प्रॉडक्ट लॉञ्च किए हैं, लेकिन कोई भी इस ब्रांड के लिए अब तक चुनौती नहीं बन पाए हैं। मार्केट शेयर की बात करें तो करीब 80 फीसदी फेयरनेस मार्केट इस ब्रांड के कब्जे में है। स्किन केयर प्रॉडक्ट के मार्केट में फेयर ऐंड लवली की पकड़ 40 फीसदी

है। बाजार को बिक्री और कमाई में बदलें तो 1 हजार करोड़ के बाजार में से करीब 800 करोड़ इसी ब्रांड के हिस्से में आते हैं। इस क्रीम के मात्र 5 रुपए के पैक में आने के बाद इसकी बिक्री में भारी इजाफा हुआ। दुनिया के 40 देशों में लोकप्रिय है फेयर ऐंड लवली। फेयर ऐंड लवली को प्रमोट करने में इसकी पंच लाइन—'चाँद का टुकड़ा' (पुरानी) व 'छू लो आसमाँ' (नई) ने अहम भूमिका निभाई है। फेयर ऐंड लवली अपनी कमाई और प्रतिष्ठा को समाज के साथ साझा भी कर रही है। इसके लिए फेयर ऐंड लवली फाउंडेशन का गठन किया गया है, जो उन बच्चियों की मदद करती है, जो जीवन में कुछ बनना चाहती हैं। इसके लिए करीब 1 लाख रुपए सालाना की स्कॉलरशिप भी दी जाती है। इसके अलावा प्रोजेक्ट दिशा के तहत फेयर ऐंड लवली के बैनर तले ऐसे कॅरियर फेयर आयोजित किए जाते हैं, जो बढ़ते बच्चों को सही कॅरियर चुनने में मदद करते हैं।

PARKER

पार्कर

पार्कर : धारदार कलम

अमेरिका के विंकोंसिन राज्य का वह जेम्सविले नामक इलाका था। यह वाकया सन् 1880 के दशक के उन दिनों का है, जब जेम्सविले के एक टेलीग्राफी स्कूल में अपने विद्यार्थियों को लिखने की कला सिखा रहे एक युवा शिक्षक को फाउंटेन पेन से लिखने में एक अजीबोगरीब समस्या से गुजरना पड़ रहा था। जॉर्ज सैफर्ड पार्कर नाम के इस शिक्षक की परेशानी थी उनका अपना साइड बिजनेस। पेशे से शिक्षक जॉर्ज अतिरिक्त कमाई के लिए अपने ही विद्यार्थियों को जॉन हॉलैंड गोल्ड पेन नाम की एक मशहूर कंपनी के फाउंटेन बेचा करते थे, लेकिन इन पेनों के साथ कई समस्याएँ थीं। ये ज्यादा लंबी लिखाई नहीं कर पाते थे, बहुत जल्दी इनकी स्याही खत्म हो जाती थी और

PARKER When started making pens George Parker had a simple yet ambitious aim - to make a better pen. And this vision has powered the Parker Pen Company ever since. From the first patented 'Lucky Curve' syste, right up to the latest Duofold Esparto collection, Parker's ongoing dynamic is one of quality without compromise. In 1999 Parker prepared for a major re-launch in 2000-new logo, new products (Reflex, Inflection, Ellipse fountain pen and ball pen), new refills, new packaging, new image

फाउंटेन पेन बहुत ज्यादा लीक भी करते थे। जॉन हॉलैंड कंपनी अपने पेन की क्वालिटी सुधारने के लिए कई जतन कर रही थी, लेकिन उससे ज्यादा परेशान जॉर्ज पार्कर थे। पार्कर धुन के पक्के थे और उनमें जल्दी आगे बढ़ने की महत्त्वाकांक्षा भी कूट-कूटकर भरी थी। पेनों की समस्या को उन्होंने एक चुनौती के तौर पर लिया और इसे एक शानदार मौके की तरह भुनाया। उन्होंने पेन सुधारने के काम आनेवाले कुछ जरूरी उपकरण खरीदे और उस काम में जुट गए, जो कि उन पेनों की कंपनी अभी करने की योजना ही बना रही थी। ट्रायल ऐंड इरर का फॉर्मूला अमल में लाकर जॉर्ज ने करीब एक महीने में ही उन पेनों को दुरुस्त कर दिया, जो लंबे समय से परेशानी बने हुए थे। अपनी इस छोटी सफलता पाने के सफर में उन्होंने एक बड़ा समाधान खोज निकाला था।

अपनी व्यावसायिक बुद्धि पर भरोसा करते हुए फाउंटेन पेन से स्याही लीकेज के इस समाधान को जॉर्ज पार्कर ने पेटेंट करा लिया। उनके दिमाग में अपने हुनर को कारोबार मे तब्दील करने की कई योजनाएँ जन्म लेने लगीं, लेकिन समस्या पैसों से ज्यादा असफलता के डर की थी, जो हर नए उद्यमी को सताती है। जॉर्ज पार्कर ने इस डर को महसूस तो किया, लेकिन उसे हावी नहीं होने दिया। अपने आत्मविश्वास को बनाए रखने के लिए वह फाउंटेन पेन की समस्याओं को सुलझाने के लिए नए आइडियाज के साथ जुटे रहे। नतीजा यह हुआ कि उन्होंने 'लकी कर्व फीड' नामक ऐसा समाधान ढूँढ़ निकाला, जो पेन से अतिरिक्त स्याही को उस समय निकाल लेता था, जबकि पेन उपयोग में नहीं आकर किसी उपयोगकर्ता की पॉकेट में होता था। इससे स्याही के लीकेज की समस्या भी दूर हो गई और पेन की उपयोगिता भी बढ़ गई। इस खोज को भी जॉर्ज पार्कर ने पेटेंट करा लिया और जल्दी ही अपनी खुद की निर्माण कंपनी का ख्वाब पूरा करने की ठान ली। आखिरकार सन् 1888 में उन्होंने पार्कर पेन कंपनी स्थापित करके एक नए रास्ते पर चलने का फैसला किया।

एक मामूली शिक्षक की छवि से उबरने में जॉर्ज पार्कर को दर्जनों मुश्किलों से रूबरू होना पड़ा। उनके पास न तो प्रोडक्शन का अनुभव था और

न ही मार्केटिंग का। उस पर उनके संबंध भी इतने प्रभावी नहीं थे जिससे बैठे-बैठे कोई काम बन जाए। पर, उन्होंने हार नहीं मानी। सबसे पहले उन्होंने अपने फाउंटेन पेन के मॉडल पर ध्यान दिया और उसे सबसे बेहतर बनाने की कोशिश की। उनकी सोच थी कि यदि मेरा प्रोडक्ट दूसरों से बेहतर होगा तो एक समझदार ग्राहक की पहली पसंद बनेगा।

उन्नीसवीं सदी के आखिरी सालों में अमेरिका और यूरोप में कई मशहूर पेन कंपनियाँ बाजार में जम चुकी थीं। इनमें जॉन हॉलैंड, विलियम संस, एच.बी. स्मिथ और स्क्रिचफील्ड का बड़ा नाम था। इन कंपनियों के पेन भी बड़े अच्छे और आकर्षक थे। प्रतिस्पर्धा के इस माहौल में तब फाउंटेन पेन एक महँगा और लक्जरी साधन था। ऐसे में जॉर्ज पार्कर के सामने बड़ी चुनौती थी कि कैसे इसे सस्ता, टिकाऊ और आकर्षक बनाया जाए, ताकि ज्यादा-से-ज्यादा लोग खरीद सकें। इस चुनौती से निपटने में उन्हें पूँजी की जरूरत थी। इसी दौरान उनका शहर जेम्सविले पर्यटन की दृष्टि से एक प्रमुख केंद्र के रूप में उभरा। वहाँ कई नए होटल्स बन गए और पूरे अमेरिका से लोग वहाँ आकर छुट्टियाँ मनाने लगे। आज यह जगह पार्कर पेन की जन्मभूमि के कारण दुनिया भर में जानी जाती है।

जेम्सविले शहर के एक होटल में एक दिन अचानक ही जॉर्ज को डब्ल्यू. एफ. पामर नामक एक बीमा एजेंट मिले। पामर ने पार्कर से अपने कारोबार का बीमा करवाने का आग्रह किया। पूँजी के अभाव से परेशान पार्कर ने उनसे बड़े

सलीके से क्षमा माँगते हुए कहा कि उनकी हैसियत नहीं है कि वह पॉलिसी का खर्च उठा सकें। एजेंट पामर उनकी साफगोई व तरीके से काफी प्रभावित हुए और उन्होंने कारोबारी साझेदारी का नया

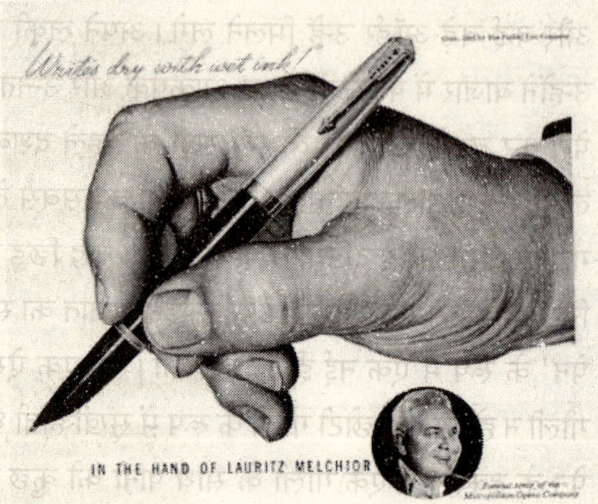

ऑफर दिया। अपने पेटेंट से फायदा लेने और कंपनी को आगे बढ़ाने के लालच में पार्कर राजी हो गए। पामर ने उनसे मात्र 1,000 डॉलर की पूँजी में कंपनी में आधी हिस्सेदारी खरीद ली। 1892 में दोनों ने कंपनी को फिर से संगठित किया। जॉर्ज पार्कर के जिम्मे सेल्स और एडवरटाइजिंग का काम सँभालने का जिम्मा आया और पामर ने कंपनी का वित्तीय प्रबंधन सँभाला। 1898 तक एक छोटे से घर से कंपनी को चला रहे इन दोनों युवा उद्यमियों को ग्राहकों से अच्छा रिस्पांस मिला। कंपनी मुनाफा कमाने लगी। हालाँकि अभी उनकी बिक्री बड़ी कंपनियों के दसवें हिस्से के बराबर भी नहीं थी। 1899 में जॉइंटलेस नाम के मॉडल को लॉञ्च करने के साथ ही उन्होंने अपने कारोबार को जेम्सविले के मुख्य इलाके सॉउथ मेन स्ट्रीट में एक चार मंजिला इमारत में प्रतिस्थापित किया। इसके अच्छे नतीजे निकले और जल्दी ही उनकी बाजार के एक बड़े हिस्से पर पकड़ बन गई। उन्होंने दुनिया भर में करीब 100 प्रमुख डिस्ट्रिब्यूटर नियुक्त किए, जो उस दौर में पेन बनानेवाली एक छोटी कंपनी का यह बड़ा व दूरगामी फैसला था। यह भी दिलचस्प है कि उस दौर की पेन कंपनियों में ऐसा करनेवाली वह एकमात्र कंपनी थी।

जल्दी ही कंपनी माँग के अनुरूप आपूर्ति करने के लिए मशहूर हो गई और कई बड़े ऑर्डर उन्हें मिलने लगे। अपने लकी कर्व पेटेंट को भुनाते हुए उन्होंने बाजार में फाउंटेन पेन का आकर्षक और उन्नत रूप 'जैक नाइफ सेफ्टी' पेश कर बाजी मार ली। बीसवीं सदी के पहले दशक तक पार्कर कंपनी 2.5 लाख डॉलर सालाना कमानेवाली दुनिया की सबसे तेज बढ़ती पेन कंपनी बन गई थी। इसी समय दुनिया में पहला विश्व युद्ध छिड़ गया और बाजार मंदी की गिरफ्त में फँस गए। पार्कर कंपनी ने इन हालात का सामना करने के लिए 'ट्रेंच पेन' के रूप में एक नई ईजाद पेश की। यह एक ऐसा पेन था, जिसमें स्याही गीली न होकर एक छोटी गोली के रूप में सूखी होती थी। उपयोग करने के लिए पेन के ढक्कन में एक गोली के साथ पानी की कुछ बूँदें डालने से लिखने का काम बन जाता था। लड़ाई के उस दौर में सीमा पर लड़ रहे सैनिकों के लिए संपर्क बनाने का यह एक मुँहमाँगा विकल्प था। इसे बेहद पसंद किया गया और पार्कर कंपनी की साख दुनिया भर में बन गई। इसी तरह 1931 के दौरान कंपनी ने 'क्विंक' नामक एक ऐसी जल्दी सूखनेवाली स्याही पेश की, जिससे पेन से लिखाई के दौरान बननेवाले धब्बों की समस्या हमेशा के लिए दूर हो गई। इसी इंक के साथ आया पार्कर-51 पेन, जो कंपनी के 30 साल के इतिहास में कंपनी का सबसे ज्यादा बिकनेवाला पेन बन गया। अकेले पार्कर-51 से कंपनी को करीब 40 करोड़ डॉलर की आमदनी हुई। इससे पहले कंपनी ने 'वैक्यूमेटिक' नाम का एक अनोखा पेन पेश किया जिसमें स्याही भरना-निकालना वैक्यूम से प्रेरित था। यह पेशकश भी काफी सराही गई, जो इक्कीसवीं सदी में भी लोकप्रिय है।

अपने शानदार फॉउंटेन पेन के साथ पार्कर कंपनी ने अमेरिका से बाहर दुनिया के दूसरे देशों भी प्रोडक्शन यूनिट स्थापित करने का फैसला किया। इसमें 1923 में सबसे पहले कनाडा और इंग्लैंड में यूनिट्स की स्थापना की। इंग्लैंड के न्यू हैवन और एरो पार्क स्थित यूनिट आज कंपनी की सबसे प्रमुख यूनिट्स मानी जाती है। आगे चलकर कंपनी ने फ्रांस, डेनमार्क, मेक्सिको,

भारत, अर्जेंटीना और पाकिस्तान में प्रोडक्शन शुरू किया।

बीसवीं सदी के आधा बीतने के साथ ही दुनिया में कंप्यूटर के साथ एक और क्रांतिकारी आविष्कार सामने आया। यह था सस्ता, सुंदर, टिकाऊ और बेहद उपयोगी बॉल-पेन। अब फाउंटेन पेन और स्याही से चलनेवाले पेनों के दिन लदने लगे थे। बहुत जल्दी ही बॉल-पेन ने बाजार में अपनी सार्थकता सिद्ध कर दी। इसके चलते महँगे फाउंटेन पेन महज खास मौकों, तोहफों और संग्रह का हिस्सा बनकर रह गए। पार्कर कंपनी ने भी खुद को समय के साथ बदला और बेहतरीन बॉल-पेन 'जॉटर' पेश किया। सन् 1954 में आय यह पेन कई दशकों तक जॉटर-61, 45, 75 मार्केट में छाए रहे। इसके बाद पार्कर क्लासिक, पार्कर एरो, पार्कर विक्टर ने कंपनी को बदले हालात में मजबूती प्रदान की।

अब जरा इस कंपनी के रणनीतिक फैसलों और प्रबंधन पर नजर डालें तो सन् 1937 में कंपनी के संस्थापक जॉर्ज पार्कर के निधन के बाद भी यह कभी डगमगाती नहीं दिखी। उनके निधन के बाद कंपनी को कई कुशल प्रबंधकों ने सँभाला और आगे बढ़ाया। विलय और अधिग्रहण की बात करें तो अपनी स्थापना के करीब 80 साल बाद कंपनी ने 1973 में एक रिटेलर-कैटलॉग कंपनी 'नॉर्म थॉम्पसन' को अधिग्रहीत किया। 8 साल बाद इसे बेच भी दिया। इसके बाद 1976 में पार्कर ने 'मैनपॉवर' नामक एक ऐसी कंपनी को खरीदा जो कि रोजगार उपलब्ध करानेवाली कंपनी थी। दिलचस्प तथ्य यह है कि पार्कर प्रबंधन के हाथ में आने के बाद मैनपॉवर ऐसी कंपनी बन गई, जिसने पार्कर की मूल पेन कंपनी से ज्यादा मुनाफा कमाया। सन् 1987 में एक बड़े बदलाव के तौर पर पार्कर समूह की जड़ें अमेरिका से उखड़ गईं। इसका नतीजा हुआ कि जेम्सविले की बजाय इसका मुख्यालय इंग्लैंड के ससेक्स राज्य के न्यू हैवन में प्रतिस्थापित किया गया। सन् 1993 में एक बार फिर से नया बदलाव हुआ और पार्कर को मशहूर अमेरिकी कंपनी जिलेट ने खरीद लिया। जिलेट के पास पहले से पेपरमेट ब्रांड के रूप में बॉल-पेन स्टेशनरी का मशहूर ब्रांड था।

कुछ नीतिगत फैसलों के तहत जिलेट ने सन् 2000 में पार्कर और पेपरमेट समेत अपने स्टेशनरी कारोबार को अमेरिका की ही 'न्यूवेल रबरमेड' कंपनी को बेच दिया। इस कंपनी के पास पहले से ही सैनफोर्ड नामक मशहूर स्टेशनरी डिवीजन है जिसमें रेनॉल्ड्स, बेरॉल, डाइमो, रोट्रिंग, शार्पी, वाटरमैन और लिक्विड पेपर जैसे प्रचलित ब्रांड हैं। करीब चार दशकों के इस प्रबंधकीय फेर-बदल के बाद अब पार्कर का स्वामित्व न्यूवेल रबरमेड के पास है। करीब 6 अरब डॉलर के इस समूह में पार्कर और अन्य स्टेशनरी कंपनियों का हिस्सा 1 अरब डॉलर का है।

भारत में पार्कर कंपनी की मौजूदगी की बात करें तो पेन व्यवसाय में इसकी प्रतिष्ठा वैसी ही है, जैसी कि फिल्म व्यवसाय में महानायक अमिताभ बच्चन की। यह भी संयोग ही है कि अमिताभ इस कंपनी के ब्रांड एंबेसडर रहे हैं। भारत में पार्कर पेनों का प्रोडक्शन भी होता है और दिल्ली के लक्जर ग्रुप के साथ इसकी व्यावसायिक भागीदारी भी है। एक बड़े फैसले के तहत पार्कर प्रबंधन ने तय किया है कि वह लक्जर ग्रुप को साथ लेकर भारत में अपने कारोबार को अगले 5 साल में 75 करोड़ सालाना से बढ़ाकर 300 करोड़ रुपए सालाना तक पहुँचाएगा। देश के 2,000 करोड़ रुपए सालाना के स्टेशनरी बाजार में लक्जर ग्रुप की हिस्सेदारी 15 से 20 फीसदी है। इस हिस्सेदारी को बढ़ाने के लिए ही लक्जर और न्यूवेल-पार्कर में गठबंधन हुआ। हाल ही में न्यूवेल के अध्यक्ष और लक्जर के चेयरमैन डी.के. जैन ने इस आशय का संकल्प व्यक्त किया है कि दोनों समूह साथ मिलकर नई मंजिलें प्राप्त कर सकते हैं।

पार्कर फैक्ट फाइल

पार्कर पेन अपनी लिखावट से ज्यादा अपने आकर्षक स्वरूप के कारण पसंद किए जाते हैं।

पार्कर पेन दुनिया के कई मशहूर पेन संग्रहकर्ताओं के संग्रह का गौरव है।

इस पेन को बनाने में सोना, चाँदी, प्लेटिनम, रेडियम, स्टील, रेसिन, हाई-टेक पिगमेंट प्रयोग किए जाते हैं।

भारत में पार्कर पेन 75 रुपए से लेकर 25,000 रुपए दाम पर उपलब्ध हैं।

दुनिया भर में कई शुभ कामों के दौरान और महत्त्वपूर्ण दस्तावेज पर हस्ताक्षर करने के लिए पार्कर पेन उपयोग किए जाते हैं। पार्कर से हस्ताक्षरित कुछ ऐतिहासिक दस्तावेजों में दूसरे विश्व युद्ध के दौरान कई संधि-पत्र शामिल हैं।

Point taken !

In 1938, Hungarian journalist Laszlo Biro pondered about the fact that newspaper ink dried quickly, leaving the paper dry and smudge-free. Biro went a step further and decided a new point with a tiny ball bearing that would rotate and help the ink flow smoother . Till date this tiny ball adorns the pockets of billions around the world as the ubiquitous ballpoint pen.

A tiny innovation or a big revolution...it's up to you ! THINK SMART

टपरवेयर

प्लास्टिक से परफ्यूम तक–टपरवेयर

प्लास्टिक से बनी घरेलू उपयोग की चीजें देने में पिछले 65 सालों से बाजार में अपनी धाक और साख जमाए हुए है 'टपरवेयर'। यह एक ऐसा ब्रांड है, जिसे प्रॉडक्शन, सेल्स और मार्केटिंग तथा बिजनेस मैनेजमेंट के क्षेत्र में अजूबा माना जाता है। अर्ल सिलस टपर नाम के एक अमेरिकी उद्यमी द्वारा स्थापित यह ऐसी प्रोडक्ट रेंज है, जो बहुत मुश्किल हालात में बनी और कड़ी मेहनत के बाद बाजार में अपनी पहचान बना पाई है। प्राइस और क्वालिटी दोनों ही बेहतर होने की वजह से टपरवेयर ब्रांड पर हमेशा एलीट क्लास (संपन्न वर्ग) का ठप्पा लगाया गया; लेकिन अब यह मिथक टूट गया है। नई सदी में टपरवेयर और इस जैसे कई अन्य प्लास्टिक स्टोरेज कंटेनर्स मध्यमवर्गीय परिवारों की भी पहली पसंद बन गए हैं। अपनी लाइफ टाइम

The Tupperware logo is in bold Tahoma font. It is strong and clear, and fairly gender neutral. It appears in four main colors, Black used for print The Tupperware symbol is used mainly for the international market but also makes appearances in print in America. The symbol is round and on the web and in print Tupperware uses a non-bold form of the Tahoma font to list and describe it's products. It changes size and color to indicate primacy or hierarchy.

उपयोगिता, सुंदरता, सुरक्षा और स्वच्छता के चलते टपरवेयर के प्रोडक्ट को यह मुकाम दिलाने के लिए मार्केटिंग की दुनिया के सबसे नए व कारगर हथियार डायरेक्टर मार्केटिंग का सहारा लिया गया है।

10 साल की उम्र में एक संकल्प

टपरवेयर के जन्म और इसकी सफलता की कहानी जानने के लिए हमें एक सदी पीछे लौटना पड़ेगा। यह वह दौर था, जब रेल की पटरियों के साथ औद्योगिक क्रांति तेजी से दुनिया में फैल रही थी। अमेरिका के न्यू हैंपशायर में अंग्रेजों द्वारा बसाई गई 13 ब्रिटिश कॉलोनियों में से एक न्यू इंग्लैंड/ग्रेनाइट स्टेट में एक गरीब किसान रहता था। 28 जुलाई, 1907 को उसके घर बेटा जनमा, जिसका नाम अर्ल सिलस टपर रखा गया। यह बच्चा बेहद उद्यमी तथा हमेशा सबसे अलग करने की कोशिश में जुटा रहता था। महज 10 साल की उम्र में अर्ल टपर ने एक संकल्प किया कि वह अपने परिवार को गरीबी से मुक्त करेगा और कुछ ऐसा बड़ा काम करेगा कि दुनिया उसे सदियों तक याद रखे। बचपन में उसने अपने खेत और घर में बनी खाने-पीने की चीजें घर-घर जाकर बेचीं। युवा होने पर छोटी-छोटी नौकरियाँ की, लेकिन संघर्ष खत्म होने की बजाय बढ़ता ही चला गया। विषम हालात की वजह से वह ज्यादा पढ़ भी नहीं पाया। 1925 में स्कूली पढ़ाई पूरी करने के बाद अर्ल टपर ने पत्राचार से पढ़ाई जारी रखी और एडवरटाइजिंग का एक कोर्स किया।

इसी कोर्स के दौरान उनके दिमाग में यह बात बैठ गई कि विज्ञापन के जरिए सबकुछ बेचा जा सकता है। टपर अपने साथ हमेशा एक नोटबुक रखते थे और उनके दिमाग में जो भी नया विचार, आइडिया या प्लान आता, वे उसे नोट कर लेते थे। उनकी नोटबुक कई तरह के आविष्कारों से भरी थी। उनमें बेल्ट में क्लिप से लगाई जानेवाली कंघी, बिना सिलवटों की पतलून जैसे दर्जनों नई बातें शामिल थीं। उनकी सोच थी कि कुछ ऐसा बनाया जाए, जिससे लोगों का जीवन भी आसान बने और उनकी अपनी आय बढ़े।

माली बने, दिवालिया हुए, फिर जागा इंजीनियर

धनी बनने के लिए टपर ने कई बार अपने बनाई डिजाइन बेचने की कोशिश की, लेकिन कोई खरीदार नहीं मिला। आखिरकार उन्होंने अपने पिता की तरह पेड़ों व बगीचों की देखभाल से जुड़ा कारोबार शुरू किया; लेकिन 1930 के बाद अमेरिका में आए मंदी के दौर में वह दिवालिया हो गए। जो कुछ जमा-पूँजी थी, सब खत्म हो गई। इसी दौरान उनकी शादी हो गई। उनकी खुशकिस्मती थी कि 1936 में घोर निराशा या वैश्विक मंदी के दौर में उन्हें मैसाचुसेट्स के लिओमिनिस्टर में डू-पॉट नाम की एक प्लास्टिक फैक्टरी में सुपरवाइजर की नौकरी मिल गई। अमेरिका के इस इलाके में बहुत सी प्लास्टिक फैक्टरियाँ थीं, जहाँ कंघियाँ बनती थीं। यहाँ आने के बाद टपर के अंदर का इंजीनियर फिर जाग उठा। करीब एक साल तक विस्केलाइड नाम के एक प्लांट में काम करने के बाद टपर ने कुछ पुरानी प्लास्टिक मोल्डिंग मशीनें खरीदीं और कुछ नया करने में जुट गए। सबसे पहले उन्होंने प्लास्टिक के मोती, सिगरेट और सोप बॉक्स बनाकर बेचना शुरू किए।

अपने उद्यम को कारोबार की शक्ल देने के लिए सन् 1938 में अर्ल टपर ने एक प्लास्टिक कंपनी की स्थापना की। इसके बाद शुरू हुआ दूसरा विश्व युद्ध, जो अच्छे मौके लेकर आया। उनके बनाए रोजमर्रा के काम आनेवाली चीजों के डिब्बे मोर्चे पर जानेवाले सैनिकों को अच्छे लगे। इसी दौर में एक दिन उन्हें अपनी कंपनी से पॉलिइथीलीन का एक ब्लॉक मिला, जिसे प्लास्टिक की चीजों के लिए बतौर कच्चे माल की जगह उपयोग किया जाना था। परेशानी यह थी कि मोल्डिंग का जो तरीका कंपनी अपना रही थी, वह इस पर सफल नहीं था। टपर ने इसके बारे में कंपनी प्रबंधन को बताया, लेकिन जिम्मेदार लोग

जोखिम उठाने को राजी नहीं हुए। नतीजा यह हुआ कि टपर ने अपनी राह खुद चलने का फैसला किया। इसी क्रम में 1946 में सबसे पहले उन्होंने एक प्याला बनाया और उसे वंडर बॉउल नाम दिया, क्योंकि इसमें एक ऐसी सील थी, जो इसके अंदर रखी सामग्री को खराब नहीं होने देती थी। इसी सील को बर्पिंग सील नाम दिया गया, जिसे टपर ने पेटेंट करवा लिया। टपरवेयर ब्रांड का सबसे पहला प्रोडक्ट यह बॉउल और सील अर्ल टपर के जीवन के सबसे क्रांतिकारी आविष्कार साबित हुए। शुरुआत में बर्पिंग सीलवाले उनके बनाए डिब्बे नहीं बिके। हालाँकि उन्होंने इसकी बिक्री के लिए न्यूयार्क के मशहूर फिफ्थ एवेन्यू इलाके में शोरूम भी बनाया और खूब प्रचार भी किया।

एक बच्चे की माँ ने सिखवाई डायरेक्टर मार्केटिंग

टपरवेयर प्रोडक्ट की बिक्री के लिए डायरेक्टर मार्केटिंग का एक उपयुक्त समाधान पार्टी के जरिए ब्रॉउनी वाइज नाम की एक महिला ने खोजा। उसके पास न तो कोई एम.बी.ए. की डिग्री थी और न ही कोई मार्केटिंग ट्रेनिंग, ऊपर से वह एक बच्चे की माँ भी थी। बावजूद इसके उन्होंने बेबी-बूम और अमेरिका में टपरवेयर की सबसे ज्यादा बिक्री की थी। अर्ल टपर को जब पता चला तो उन्होंने ब्रॉउनी वाइज को मैसाचुसेट्स बुलाया और उसके फॉर्मूले पर अमल करते हुए टपरवेयर प्रोडक्ट की बिक्री सिर्फ पार्टियों के जरिए करने का फैसला किया। आगे चलकर ब्रॉउनी वाइज कंपनी में वाइस प्रेसीडेंट के ओहदे तक पहुँची। इन दोनों की जोड़ी कमाल की थी। टपर को प्लास्टिक और मशीनों से प्यार था, तो वाइज को लोगों और पार्टियों से। नतीजा हुआ कि टपरवेयर प्रोडक्ट्स की बिक्री तेजी से बढ़ने लगी और यह ब्रांड अमेरिका के बाद इंग्लैंड के रास्ते यूरोप में घुसा और फिर दुनिया भर में फैल गया। काम बढ़ा तो मुनाफा और हैसियत भी बढ़ गई। कंपनी का मुख्यालय भी मैसाचुसेट्स के बजाय फ्लोरिडा के ऑरलैंडो में शिफ्ट किया गया।

सफलता को सहेज न सके जनमदाता

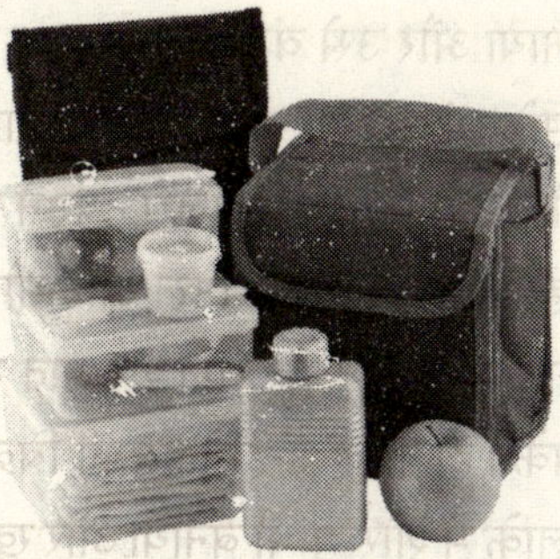

वर्ष 1960 के आते-आते टपरवेयर प्रोडक्ट्स और इसके बहाने होनेवाली पार्टियाँ दुनिया भर में मशहूर होने लगीं। इसी दौरान पार्टियों के खर्च पर हुए विवाद के कारण अर्ल टपर और वाइज में मतभेद हो गए। नतीजा यह हुआ कि अर्ल टपर ने वाइज को नौकरी से निकाल दिया। अब वह अकेले हो गए। अर्ल टपर के पाँच बच्चे थे, लेकिन कंपनी के मालिक वह अकेले थे। कहते हैं कि ऐसे माहौल में कुछ लोगों ने उन्हें डरा दिया कि अपनी कंपनी को पब्लिक कंपनी बना लो, नहीं तो सरकार तुम्हें टैक्स चोरी के मामले में फँसा देगी। वह इसके लिए तैयार नहीं थे। सन् 1958 में उन्होंने अपनी कंपनी को मात्र 1 करोड़ 60 लाख डॉलर में एक अन्य कंपनी रैक्सल को बेच दिया, जो आगे चलकर डार्ट इंडस्ट्रीज के नाम से जानी गई। तनाव में परिवार भी उनका साथ छोड़ गया। उनका तलाक हो गया और टैक्स की मार से बचने के लिए वे मध्य अमेरिका के कोस्टारिका द्वीप पर रहने चले गए। इस महान् उद्यमी-आविष्कारक के लिए यह जीवन का सबसे बुरा दौर था, क्योंकि शून्य से शिखर पर पहुँचने के बाद वह अपनी सफलता को सहेजकर नहीं रख सके थे। सन् 1984 में उनका निधन हो गया, लेकिन आज भी उनके नाम पर ही इन उत्पादों को 'टपरवेयर' कहा जाता है। आगे चलकर डार्ट कंपनी एक अन्य कंपनी क्राफ्टको में विलय हो गई और डार्ट ऐंड क्राफ्ट नाम की एक नई कंपनी जनमी। इसके बाद और बदलाव हुए, जिनमें डार्ट ऐंड क्राफ्ट परमार्क इंटरनेशनल के साथ जुड़ गई और 1996 में परमार्क को इलिनोड्स टूल वर्क नाम की एक अन्य कंपनी ने खरीद लिया।

इन तमाम उतार-चढ़ावों के टपरवेयर ब्रांड का सफल सफर जारी है। प्लास्टिक उत्पादों से आगे जाकर नए क्षेत्रों में विस्तार की रणनीति के तहत

टपरवेयर ने वर्ष 2001 में अमेरिका के डलास आधारित ब्यूटी कंट्रोल को अधिग्रहित किया और इसके बाद सन् 2005 में इंटरनेशनल ब्यूटी ग्रुप को खरीदा। दिसंबर 2005 में टपरवेयर कॉरपोरेशन का नाम बदलकर टपरवेयर ब्रांड कॉरपोरेशन कर दिया गया। इसके पीछे कंपनी का उद्देश्य प्रोडक्ट रेंज को बढ़ाना था। इसके बाद टपरवेयर मल्टी ब्रांड, मल्टी कैटेगरी डायरेक्ट सेल्स कंपनी बन गई। यह एक तरह से एक अन्य बहुराष्ट्रीय कंपनी एम-वे की राह पर चलने जैसा था।

60 साल से जारी है टपरवेयर पार्टी

पिछले 60 साल से टपरवेयर ब्रांड महिलाओं को स्वावलंबी बनाकर उन्हें स्वतंत्र कारोबार के मौके उपलब्ध करा रहा है। इसके पीछे यदि कोई सबसे बड़ी शक्ति है तो वह है महिलाओं की टपरवेयर पार्टियाँ। टपरवेयर के जनम के करीब सात साल बाद शुरू हुई ये पार्टियाँ आज भी प्रासंगिक, प्रभावी और डायरेक्ट मार्केटिंग का सबसे बड़ा हथियार हैं। इन पार्टियों का उद्देश्य है एक अनौपचारिक और हँसी-खुशी के माहौल में भावी ग्राहकों को टपरवेयर प्रोडक्ट्स से रूबरू कराया जाए। ये पार्टियाँ घर, बगीचे, ऑफिस, स्कूल या किसी भी सार्वजनिक स्थान पर आयोजित की जा सकती हैं, ताकि उन्हें ऐसा माहौल मिले कि वे प्रोडक्ट को छूकर और यहाँ तक कि मौके पर ही उपयोग करके परख सकें। टपरवेयर पार्टी की मेजबानी करने के लिए पहले प्रोडक्ट डिस्ट्रिब्यूटर बनना होता है। इसके बाद मेजबान अपने परिचितों, दोस्तों, पड़ोसियों या रिश्तेदारों को किसी भी बहाने आमंत्रित कर उन्हें टपरवेयर प्रोडक्ट दिखा सकते हैं और बेच सकते हैं। हालाँकि यह बहुत ही सहज प्रक्रिया है और महिलाएँ बिना किसी बड़ी औपचारिकता के आसानी से कंसल्टेंट बनकर इससे जुड़ सकती हैं। पार्टी मेजबान को उसकी बिक्री के आधार पर रिवार्ड के रूप में मुफ्त उत्पाद भी देती है। इसके बाद मेजबान जैसे-जैसे अपनी बिक्री बढ़ाता जाता है, उसका दर्जा बढ़ता जाता है। एक महिला उद्यमी मैनेजर, स्टार मैनेजर, डायरेक्टर, लेगेसी एक्जीक्यूटिव डायरेक्टर तक पहुँच सकती है।

अमेरिका में शुरू हुआ यह डिस्ट्रिब्यूटरशिप सिस्टम आज सारी दुनिया में लोकप्रिय है। यह काफी लचीला, कमीशन आधारित सिस्टम है, जिससे जुड़कर कंसल्टेंट अच्छा रिवार्ड पा सकते हैं।

24 लाख लोगों का टपरवेयर आंदोलन

आज दुनिया भर में 100 से ज्यादा देशों में 24 लाख से ज्यादा लोग प्रत्यक्ष या परोक्ष रूप से टपरवेयर ब्रांड के प्रोडक्ट्स बेच रहे हैं। जोश और उत्साह से भरी मेल-मिलापवाली पार्टियों के जरिए घर के काम आनेवाली जरूरी चीजों की डायरेक्ट मार्केटिंग का यह सबसे अच्छा उदाहरण है। विश्वास और जानकारी से भरी इतनी बड़ी सेल्स फोर्स दुनिया की किसी और कंपनी के पास नहीं है। दिलचस्प बात यह है कि इस सेल्स फोर्स की सबसे बड़ी ताकत महिलाएँ हैं। महिलाओं को जाग्रत और स्वावलंबी बनाने का यह एक महान् कॉरपोरेट मिशन कहा जा सकता है। आँकड़े बताते हैं कि सन् 2008 में टपरवेयर का सालाना टर्नओवर 1 लाख करोड़ रुपए (2 अरब अमेरिकी डॉलर) से ज्यादा था। चालू वित्तवर्ष में मंदी के बावजूद इसमें बहुत ज्यादा गिरावट नहीं देखी गई है।

भारत में टपरवेयर

भारत में टपरवेयर का आगमन सन् 1996 में हुआ। इससे पहले इसके उत्पाद जानकार लोग विदेशों से लाया या मँगाया करते थे। भारत में भी इसकी हाई क्वालिटी और लाइफ टाइम वारंटी ने महिला ग्राहकों को सबसे ज्यादा लुभाया है। इसके अलावा टपरवेयर डिस्ट्रिब्यूटर बनकर अपने खाली समय में पैसा कमाने का फंडा भी शहरी महिलाओं ने हाथोहाथ लिया है। वर्तमान में आशा गुप्ता, टपरवेयर इंडिया की प्रबंध निदेशक हैं और उनके नेतृत्व में देश की 40 हजार से ज्यादा महिलाएँ टपरवेयर ब्रांड को एक आंदोलन की तरह चला रही हैं। कंपनी का गुड़गाँव में हेड ऑफिस और मुंबई, चेन्नई, कोलकाता व चंडीगढ़ में रीजनल ऑफिस है। भारत में टपरवेयर के 100 फीसदी फूड ग्रेड

वर्जिन प्लास्टिक से बने प्रोडक्ट्स अब छोटे शहरों में भी लोकप्रिय हो रहे हैं। सर्वे बताते हैं कि समझदार माँएँ अपनी बेटियों को शादी के तोहफे में टपरवेयर के टिकाऊ, साफ-सुथरे, सुंदर और सुरक्षित प्रोडक्ट्स देकर उनके किचन की शान बढ़ा रही हैं।

Dip..Dip..Dip !

A hot cup of water, a hand- sewn silk bag with just the right amount of leaves and the perfect flavour. Your favourite cuppa is ready, wherever you may be. Around in 1908, A coffee shop merchant of New York Thomas Sullivan successfully marketed tea bags and introduced the world to a new convenience and luxury. So sit back, take a sip and get refreshed for your next big idea,
Dip by dip ! THINK FRESH !

टाइटन

टिक-टिक टनाटन टाइटन

चार दशक ही तो हुए हैं, जब हम अपनी रिस्ट वॉच में चाबी भरना भूल जाते थे तो सारी दिनचर्या गड़बड़ा जाती थी। उन दिनों मेकैनिकल रिस्ट वॉच केवल समय बतानेवाली एक छोटी सी मशीन होती थी, आज की तरह फैशन एसेसरीज नहीं, जो लाइफ स्टाइल का प्रतिनिधित्व करती है। अकसर लोग घड़ी तब बदलते थे, जब वे थक जाएँ या घड़ी थक जाए। घड़ी पर बार-

---

What is truly amazing about Titan is the sheer scale of its offering and the consequent choice it offers to multiple segments across taste, age and economic background. Titan saw this approach as the foundation of its leadership strategy in the early days. logo indicates that it was also a fitting tribute to a brand, which had not only revolutionised the Indian watch industry, but also brought in world-class benchmarks in product design, quality and retailing into India. In 2008 the company introduced a new logo and a tagline, 'Be More', and at the same time launched a campaign featuring Aamir Khan, created by its advertising agency O&M. This was the second time in this decade that Titan is trying out a re-branding exercise. In the year 2004, it introduced a campaign with the tagline 'what's your style.'

बार और ज्यादा खर्च करना फिजूलखर्ची माना जाता था। हमारे देश में इस सदियों पुरानी सोच को टाइटन ने बदला है।

देश के 140 साल पुराने, पर आज देश के सबसे बड़े औद्योगिक समूह, टाटा के अरबों रुपयों के सालाना टर्नओवर में टाइटन इंडस्ट्रीज का 4 हजार करोड़ रुपए का सालाना योगदान नगण्य ही है, पर रतन टाटा भी यह सच्चाई नहीं नकार सकते कि टाटा का यह ऐसा ब्रांड है, जिसे 'नैनो' से भी पहले और ज्यादा देश की बहुसंख्यक व निर्धन आबादी बखूबी पहचानती है। टाइटन आम आदमी के मन में टाटा समूह की विश्वसनीयता व गुणवत्ता का प्रतिनिधित्व करता है। टाइटन इंडस्ट्रीज का मार्केटिंग मंत्र भी है—'टाइटन को अपनाओ, क्योंकि यह टाटा समूह का ब्रांड है।'

सन् 1983 में एक फ्रेंच वॉच निर्माता कंपनी के कारोबार को भारत में प्रमोट करने के लिए टाटा प्रेस के बैनर तले टाटा समूह घड़ी मार्केट में सक्रिय हुआ था। टाटा प्रेस के मैनेजिंग डायरेक्टर जेराक्स देसाई ने इस व्यापार की देखरेख करते हुए समझा था कि पश्चिमी देशों की तरह हमारे देश मे भी रिस्ट वॉच 'लाइफ स्टाइल प्रोडक्ट' बन सकती है, बशर्ते कि हम कालातीत तकनीक और पुरानी डिजाइन की घड़ियों को अलविदा कहें और आम आदमी को अफोर्डेबल मूल्य पर क्वाट्र्ज घड़ियाँ उपलब्ध करवाएँ।* कैसी विचित्र बात है कि एच.एम.टी. और आल्विन देश में घड़ियाँ बना रही थीं, पर वे इस छोटी सी मार्केटिंग सच्चाई को नहीं समझ पाए। जेराक्स देसाई ने क्वाट्र्ज घड़ी की स्वदेशी तकनीक विकसित करने और नई डिजाइनों में बनाने के अलावा उन्हे बेचने के लिए टेक्नोक्रेट्स व मार्केटियर्स की टीम बनानी शुरू की। इनमें से एक मार्केटियर हैं भास्कर भट्ट, जो आज टाइटन के मैनेजिंग डायरेक्टर हैं।

** 1940 के दशक में दुनिया के घड़ी मार्केट पर स्विट्जरलैंड का कब्जा था। 1950 के दशक में डिजिटल घड़ियों के डिजाइनकर्ता ने उन्हें डिजिटल घड़ियाँ दिखाईं और इन्हें बनाने का सुझाव दिया। स्विस घड़ी निर्माताओं की अपनी मेकैनिकल घड़ियों पर इतना भरोसा था कि उन्होंने यह प्रस्ताव ठुकरा दिया। सीको ने डिजिटल घड़ियाँ बनाना शुरू किया। कभी स्विस घड़ी निर्माता कंपनियों में 80 हजार लोग काम करते थे और 8 हजार मेकैनिकल घड़ियाँ अब अजायबघर में ही दिखाई देती हैं।*

सन् 1945 में जनमे भास्कर भट्ट आई.आई.टी. चेन्नई से मेकैनिकल इंजीनियरिंग व आई.आई.एम. से एम.बी.ए. की डिग्री लेने के बाद पाँच साल (1978-83) गोदरेज ऐंड बॉयस में सेल्स एक्जीक्यूटिव रहे। इसके बाद उन्होंने टाटा प्रेस में सेल्स मैनेजर का दायित्व सँभाला। सन् 1987 में टाइटन इंडस्ट्रीज की स्थापना हुई तो उन्हें इसका सेल्स मैनेजर (नेशनल) बना दिया गया। अप्रैल 2002 में जेराक्स देसाई सेवानिवृत्त हुए तो भास्कर भट्ट मैनेजिंग डायरेक्टर पद के अकेले दावेदार थे, जिन्होंने देसाई के साथ टाइटन ब्रांडनेम स्थापित किया था।

सन् 1987 में तमिलनाडु इंडस्ट्रीयल डेवलपमेंट कॉरपोरेशन के साथ टाटा समूह ने मात्र 10 लोगों के साथ टाइटन इंडस्ट्रीज की स्थापना की थी। विगत दो दशक में टाइटन ब्रांड ने भारतीय घड़ी मार्केट में डिजाइन, क्वालिटी व रिटेल मार्केटिंग के बेंचमार्क्स स्थापित कर दिए। 1980 के दशक तक सीमित डिजाइनों की मेकैनिकल घड़ियाँ ही हमारे देश में बनती थीं, जो शहरों के ट्रेडिशनल मार्केट्स की गुमटीनुमा दुकानों से ग्राहकों तक पहुँचती थीं। गली-मोहल्ले के नुक्कड़ पर घड़ीसाज होते थे, जो इन घड़ियों की रिपेयरिंग करते थे। घड़ी उद्योग का रिसर्च या मार्केट का 'कस्टमर सेटिस्फेक्शन, कस्टम रिलेशनशिप' या ब्रांड लॉयल्टी आदि से कोई लेना-देना नहीं था। टाइटन ने सबसे पहले इन बैरियर्स को तोड़ा और क्वार्ट्ज घड़ियाँ विकसित कीं तथा उन्हें एक्यूरेसी और झंझटमुक्त सेवा के साथ मार्केट में लॉञ्च किया। 350 मॉडल की टाइटन घड़ियों की पहली खेप को घर-घर तक पहुँचाने के लिए जेराक्स देसाई के नेतृत्व में भास्कर भट्ट ने दो मोर्चे खोले। एक विज्ञापन को निवेश माना, खर्च नहीं तो दूसरे टाइटन घड़ियों को लाइफ स्टाइल प्रोडक्ट्स बनाकर 'फैशनेबल रिटेल आउटलेट्स' स्थापित किए। 250 से ज्यादा देशव्यापी 'वर्ल्ड ऑफ टाइटन' इसकी मिसाल है, जहाँ ग्राहक पहले डिस्प्ले देखते हैं और फिर सेल्स काउंटर पर पहुँचते हैं। इनके अलावा घड़ीसाज के बजाय घड़ियों की मेंटेनेंस के लिए 700 से ज्यादा आफ्टर सेल्स सेंटर स्थापित किए। इनके अलावा आज 25 से ज्यादा शहरों में 12 हजार से ज्यादा अधिकृत आउटलेट्स

पर टाइटन घड़ियाँ बिकती हैं। यही नहीं, ये घड़ियाँ दुनिया के 30 से ज्यादा देशों में भी पहुँच रही हैं। सालाना 1 करोड़ घड़ी उत्पादन और घड़ी मार्केट में 60 फीसदी हिस्सेदारी के साथ अपने उद्योग का निर्विवाद लीडर है—टाटा का टाइटन ब्रांड।

विगत 20 वर्षों में टाइटन ब्रांड ने 'मोस्ट एडमायर्ड ब्रांड' के अवॉर्ड्स (जैसे ए. ऐंड एम., बिजनेस वर्ल्ड, ब्रांड इक्विटी व इकोनॉमिक्स टाइम्स) कई बार प्राप्त किए हैं तो इसका श्रेय भास्कर भट्ट को जाता है। उन्होंने लगभग हर वर्ष पैरेंट ब्रांड टाइटन के अंब्रेला के तहत नए-नए नाम से ऐसी रिस्ट वॉचेस लॉञ्च कीं जो अलग-अलग डिजाइन, मूल्य रेंज में अलग-अलग आय व आयुवर्ग के ग्राहकों की चाह पूरी करें। इनमें उल्लेखनीय है, 1989 में युवा ग्राहकों के लिए कलरफुल प्लास्टिक एक्वरा, 1992 में नजाकत पसंद महिलाओं के लिए—रागा, 1993 में हाईएंड ग्राहकों के लिए इंटरनेशनल लुक की—इंसिगर्निया, 1996 में नन्हे-मुन्नों के लिए डेश, 1997 में मध्यमवर्गीय परिवारों के लिए किफायती सोनाटा, 1998 में जवाँदिल ग्राहकों के लिए 18 कैरेट गोल्ड ज्वेलरी रिस्ट वॉच—नेबुला, 2001 में एक्जीक्यूटिव के लिए स्टील और 2008 में दिवा, डब्ल्यू.डब्ल्यू.एफ. और झूप इन सबकी अलग-अलग खूबियाँ हैं। ऐसी ही है टाइटन स्लिम, जो दुनिया की सबसे ज्यादा स्लिम रिस्ट वॉच है।

ग्रेट-मार्केटियर हैं भास्कर भट्ट, जिन्होंने पहले हर आय व आयुवर्ग के ग्राहकों के लिए प्रोडक्ट्स रेंज डेवलप की और फिर टाइटन को जन-जन का ब्रांड (मॉस-ब्रांड) बनाने के लिए प्रचार-प्रसार पर कंपनी की कमाई का बड़ा हिस्सा उदारता से खर्च किया। यही नहीं, एड-कैंपेन भी उन्होंने रणनीति के साथ तैयार करवाए। मसलन, टाइटन के रिलेशनशिप थीम की विज्ञापन शृंखला ने घड़ियों का एक अलग मार्केट सेगमेंट बनाया है। इस थीम के पात्र हैं—पिता, पुत्री, गुरु, बॉयफ्रेंड, एक्स बॉयफ्रेंड से लेकर चोर-उचक्के भी। इस शृंखला का एक विज्ञापन, जिसमें पिता अपनी छोटी बेटी के साथ साँठगाँठ करके अपनी बड़ी बेटी को उसके विवाह पर सरप्राइज गिफ्ट के रूप में टाइटन घड़ी देते हैं।

यह विज्ञापन खूब पसंद किया गया तो टाइटन के विज्ञापनों की म्यूजिक ट्रैक ने भी खूब नाम कमाया। जेराक्स देसाई और ओ. ऐंड एम. के क्रिएटिव हेड ने इसके लिए वेस्टर्न संगीत के खास कंपन (मोजार्ट की 25वीं सिंफोनी का एक सेगमेंट) चुना था, जो देश के विज्ञापन उद्योग के लिए एक अविस्मरणीय ट्रैक बन गया। इसके क्लासिक संस्करण—सिंगल वायलिन पर मेलोडी के तो कई वर्जन बने हैं। भास्कर भट्ट ने टाइटन के विज्ञापन कैंपेन को अंचल विशेष के खास फेस्टिवल (तीज-त्योहारों) के दौरान लॉञ्च किया है, जैसे पश्चिम बंगाल में दुर्गापूजा, उत्तर भारत में रक्षाबंधन या दक्षिण भारत में पोंगल पर्व।

दिलचस्प बात यह है कि टाइटन के ही एक और तनिष्क ने योग्य पिता के सुयोग्य संतान की मिसाल कायम की है। टाइटन ने भारतीय घड़ी उद्योग को नए युग में पहुँचाया तो तनिष्क ने भारतीय ज्वैलरी मार्केट को व्यवस्थित व संगठित किया है। दिलचस्प बात यह है कि टाइटन इंडस्ट्रीज द्वारा सन् 1995 में लॉञ्च, तनिष्क ब्रांड ज्वैलरी की कंपनी के कारोबार में हिस्सेदारी पैरेंट ब्रांड से भी ज्यादा है।

ब्रांड क्या है? बिजनेस स्कूल की पुस्तकों में इसकी कई परिभाषाएँ व व्याख्याएँ मिलती हैं। इनका सार-संक्षेप है एक धारणा, एक भावना, एक सोच, एक सम्मोहन, जिसके कारण लोग उत्पाद विशेष को खरीदें और ऐसा करते समय प्राइस पर गौर न करें, बल्कि ऐसी 'बेस्ट परचेज' मानो जो उनके पैसे का पूरा मूल्य लौटाती है। इस नजरिए से टाइटन ने घड़ी मार्केट को सम्मोहित किया है तो उससे ज्यादा सम्मोहक है, उसकी ही संतान तनिष्क।

प्रेस्टीज

प्रेस्टीज की सीटी, शान की सीटी

पानी की वाष्प यानी भाप, ऐसी शक्ति है जिसके सदुपयोग ने इनसानी सभ्यता को गति के पहिए लगाए हैं। इसी शक्ति से संचालित है भारत का प्रेस्टीज ब्रांड जो पिछले 50 साल से भारतीय महिलाओं की पहली पसंद बना हुआ है। स्कॉटलैंड के एक इंजीनियर जेम्स वाट ने इस शक्ति के उपयोग से रेल का इंजन चला दिया तो फ्रांस में जनमे डेनिस पैपिन ने ऐसा कमाल का उपकरण बनाया, जिसने दुनिया भर के रसोईघरों में क्रांति ला दी। हम बात कर रहे हैं प्रेस्टीज कुकर की। सन् 1679 में डेनिस पैपिन ने लंदन की एक प्रयोगशाला में इस उपकरण को बनाया और नाम दिया था 'स्टीम डाइजेस्टर'। सेफ्टी वाल्व युक्त यह ऐसा बरतन था जो भाप की शक्ति से कच्ची चीजों को

With a black curved baseline the Prestige & it's logo has stood by values ingrained by its promoters providing quality products and services at affordable prices and excelling in everything without comproniising its unique Indian identity. Trust, reliability and safety, all inherently strong Indian traits, have always been the pillars of strength for TTK Prestige. However, the one thing that has been singularly responsible for making the brand such a success is its complete devotion to its customer.

पका सकता था। यह एक ऐसी सफलता थी, जो आज 330 साल बाद भी बहुउपयोगी बनी हुई है। इस सफलता ने सबसे पहले यूरोप के उद्यमियों को लुभाया और नतीजा सामने आया प्रेशर कुकर के रूप में, जो आज महिलाओं के किचन की अनिवार्य जरूरत बन गया है।

अंग्रेजों की उद्यमशीलता से जनमा टी.टी.के.

हमारे देश में प्रेशर कुकर का आगमन अंग्रेजों की देन है, क्योंकि सबसे पहले वे ही यहाँ इसे लाए और इसका उपयोग किया। अंग्रेजों से प्रेरणा लेते हुए सन् 1928 में दक्षिण भारत में जनमा टी.टी.के. ग्रुप, जिसके प्रणेता बने टी.टी. कृष्णमचारी* जो दो बार स्वतंत्र भारत के वित्त मंत्री रहे।

कुकर खरीदना था एक गैर-जरूरी खर्च

बहरहाल, टी.टी. के ग्रुप ने अपनी स्थापना के बाद सीधे निर्माण के क्षेत्र में कदम नहीं रखा था, बल्कि एक मार्केटिंग नेटवर्क खड़ा करके अपने पैर जमाए थे। देश स्वतंत्र हो चुका था और उद्योग-धंधे पनपने लगे थे। ऐसे में देशी उद्यमी अंग्रेजों की छोड़ी जमीन पर कब्जा करना चाहते थे, लेकिन अपने दम पर पैर जमाना इतना आसान नहीं था। ऐसे में टी.टी.के. ने एक नया रास्ता निकाला और इंग्लैंड से जरूरी चीजें आयात कर भारत में बेचना शुरू किया। प्रेशर कुकर भी इनमें से एक था। इसके लिए टी.टी.के. ने इंग्लैंड के मशहूर

---

* टी.टी. कृष्णमाचारी का नाम स्वतंत्र भारत के पहले बड़े घोटाले 'मूँदड़ा कांड' से भी जुड़ा था। सन् 1957 में इस आर्थिक घोटाले में लिप्तता कांड के कारण कृष्णमाचारी को नैतिक आधार पर वित्तमंत्री का पद छोड़ना पड़ा था तथा उद्योगपति हरिदास मूँदड़ा को लंबी सजा हुई। इस मामले में वित्तमंत्री टी.टी. कृष्णमचारी, वित्त सचिव एच.एम. पटेल, जीवन बीमा निगम के चेयरमैन एल.एस. वैद्यनाथन समेत कई व्यक्तियों पर जीवन बीमा निगम के 1.25 करोड़ रुपए उद्योगपति हरिदास मूँदडा की छह कंपनियों में निवेश करने का आरोप लगा था, जिसका खुलासा फिरोज गांधी ने किया था। हालाँकि बाद में प्रधानमंत्री जवाहरलाल नेहरू ने कृष्णमचारी को पुन: वित्तमंत्री बना दिया था, क्योंकि वे उनकी वित्तीय सूझ-बूझ के कायल थे।

प्रेस्टीज ग्रुप की मदद ली और उसी के ब्रांड को देश में प्रमोट किया। इस समय तक देश में केवल बड़े शहरों में ऊँचे और रसूखदार लोग ही प्रेशर कुकर जैसे उपकरण उपयोग करते थे। देश की बहुसंख्यक आबादी भोजन पकाने के लिए खुले मुँहवाले बरतन ही उपयोग करती थी। इसमें समय भी ज्यादा लगता था और ऊर्जा-संसाधन भी बहुत खपता था। चूँकि पारंपरिक ईंधन सस्ता और सर्वसुलभ था, इसलिए तब कुकर जैसा उपकरण खरीदना एक गैर-जरूरी खर्च माना जाता था। समय बदला और देश आत्मनिर्भर होने की डगर पर चला तो देशवासी भी उन चीजों को अपनाने लगे, जो सुविधाजनक और जरूरी थीं। टी.टी.के. ग्रुप ने इस बदलाव को समझते हुए भारत में ही कुकर निर्माण इकाई लगाने का फैसला किया। अक्टूबर 1955 में तत्कालीन मद्रास शहर में टी.टी. प्राइवेट लिमिटेड की स्थापना के चार वर्ष बाद कंपनी ने इंग्लैंड के प्रेस्टीज ग्रुप के तकनीकी सहयोग से बेंगलुरु में निर्माण इकाई स्थापित की। आगे चलकर इसी टी.टी. प्राइवेट लिमिटेड ने टी.टी.के. ग्रुप का दर्जा पाया और उसी से जनमी टी.टी.के. प्रेस्टीज लिमिटेड, जिसकी कुकर बनानेवाली शाखा को अब प्रेस्टीज हॉउसवेयर इंडिया लिमिटेड के नाम से भी जाना जाता है। आगे चलकर टी.टी.के. ग्रुप से कई सहयोगी कंपनियाँ जैसे—टी.टी.के. हेल्थकेअर, टी.टी.के—एलआईजी लिमिटेड, टी.टी.के. सर्विसेज, टी.टी.के. टैंटेक्स भी जनमी।

जो बीवी से करे प्यार, वो प्रेस्टीज से कैसे करे इनकार

1959 में देश में पहली बार कुकर बनाने के साथ देशवासियों की सोच में इस उपकरण की उपयोगिता सिद्ध करना एक जोखिम भरी चुनौती थी। देश में एक सर्वमान्य सोच यह थी कि जिस उपकरण का उपयोग अंग्रेज करते थे, उसकी भारतीयों के लिए क्या जरूरत? रहन-सहन के विभिन्न ढंग, भोजन पकाने के दर्जनों तरीके, कुकर की बनावट और उसका रख-रखाव भी बड़ी समस्याओं की तरह था। यह भी एक तथ्य है कि 60 के उस दौर में प्रचार माध्यम भी आज जितने प्रभावी और सहज नहीं थे। हालात बदले चीन के साथ युद्ध

और देश में टी.वी. के आने के बाद। '70 के दशक के ढलने के साथ ही देश में टेलीविजन युग आया। टी.वी., मनोरंजन और प्रचार के सशक्त माध्यम के रूप में उभरे प्रेस्टीज जैसी कंपनियों की पौ-बारह हो गई। बहुत से लोगों को आज भी याद होंगे प्रेस्टीज के वे पुराने विज्ञापन, जिसकी पंचलाइन थी—'जो बीवी से करे प्यार, वो प्रेस्टीज से कैसे करे इनकार।' यह पंचलाइन खूब चली और कम समय में सेहतमंद खाना पकाने के दावे के साथ, प्रेस्टीज मध्यमवर्गीय घरों के किचन की पहली पसंद बन गया।

मुकाबले का दौर, खुले नए बाजार के दरवाजे

देश में एल.पी.जी. यानी गैस सिलेंडर की सुलभता और उपयोग बढ़ने के साथ कुकर इंडस्ट्री तेजी से प्रगति करने लगी। '80 के दशक में ही देश के कई इलाकों में प्रेस्टीज के पीछे चलते हुए कई देशी ब्रांड जैसे प्रीमियर, बटरफ्लाई, पिजन, डीलक्स आदि भी जनमे। इनके अलावा हॉकिंस जैसे इंटरनेशनल ब्रांड्स ने भी भारतीय घरों में दस्तक देना शुरू कर दिया। प्रतिस्पर्धा बढ़ने के साथ ही प्रेस्टीज ने खुद को मुकाबले के लिए तैयार करते हुए प्रोडक्शन, क्वालिटी और ब्रांड बिल्डिंग पर विशेष ध्यान दिया। गुणवत्ता की कसौटी पर खरा उतरने के लिए प्रेस्टीज ने भारत के आई.एस.आई. मार्क, जर्मनी के पी.ई.डी./सी.ई. सर्टिफिकेट के अलावा आई.एस.ओ. 9001 प्रमाणित किचन वेयर कंपनी बनने की परीक्षा पास की। कुकर इंडस्ट्री में गैसकेट रिलीज सिस्टम, गैसकेट ऑफसेट सिस्टम और डबल लॉकिंग सिस्टम जैसी सुविधाएँ पहली बार प्रेस्टीज की ही प्रयोगशालाओं में जनमी और सफल हुईं। '90 के दशक की शुरुआत में कंपनी ने कुकर प्रोडक्शन को बढ़ाने के साथ किचन की बाकी जरूरतें पूरी करने के लिए भी कमर कसी। इसी क्रम में

प्रेस्टीज ने सबसे पहले भारत में प्रेशन पैन लॉञ्च किया। यह काफी सफल रहा और इसने कंपनी के लिए एक नए बाजार (गैर-परंपरागत बर्तन) के दरवाजे खोले। अपने विस्तार को वैश्विक दर्जा देने के लिए 1992 में प्रेस्टीज ने अपनी किचन रेंज अमेरिकी बाजार में 'मंत्रा' ब्रांडनेम से लॉञ्च की।

प्रेस्टीज : 'टोटल किचन सॉल्यूशन'

नई सदी में टी.टी.के. प्रेस्टीज ने एक लंबा सफर तय करते हुए अपने ग्राहकों के लिए एक 'टोटल किचन सॉल्यूशन' प्रोडक्ट पोर्टफोलियो बनाया है। इसमें प्रेशर कुकर, नॉन स्टिक कुक वेयर, राइस कुकर, ओटीजी, किचन हुड्स या चिमनी, हॉब्स, एल.पी.जी. स्टोव, कॉफी केतली, सैंडविच टोस्टर और कई अन्य छोटे बिजली के उपकरण शामिल हैं। एक ही छत के नीचे सभी कुछ उपलब्ध कराने के लिए कंपनी ने देश भर में 'प्रेस्टीज स्मार्ट किचन' शोरूम खोले हैं। आज देश के करीब 19 राज्यों के 120 से ज्यादा शहर-कस्बों में 200 से ज्यादा ऐसे शोरूम हैं जहाँ ग्राहकों को प्रेस्टीज की पूरी प्रोडक्ट मिल जाती है। इन शोरूम पर शुरू की गए 'एक्सचेंज स्कीम' भारतीय ग्राहकों की पहली पसंद बनी है। यहाँ ग्राहक अपना पुराना कुकर देकर कम दामों में नया कुकर भी ले सकते हैं। हाल ही में कंपनी ने मॉड्यूलर किचन के लिए खास किचन बुटिक और लाइफ स्टाइल स्टोर्स भी शुरू किए हैं, जहाँ एक गृहिणी के किचन की कायापलट के ढेरों विकल्प मौजूद हैं।

आँकड़े बताते हैं

बाजार से मिले आँकड़ों को प्रेस्टीज के संदर्भ में देखें तो पता चलता है कि देश में कुकर इंडस्ट्री मात्र 7 फीसदी की दर से वृद्धि कर रही है, वहीं प्रेस्टीज ब्रांड की ग्रोथ रेट करीबन 21 फीसदी सालाना है। देश में सालाना 40 से 50 लाख से ज्यादा प्रेशर कुकर खपते हैं, जिनमें प्रेस्टीज की हिस्सेदारी आधी से ज्यादा है। 2008 तक के आँकड़ों के मुताबिक प्रेस्टीज सालाना 23 लाख 70 हजार कुकर सालाना बेच रही थी।

साल 2007-08 में कंपनी ने 325 करोड़ रुपए की बिक्री पर 20.6 करोड़ रुपए शुद्ध मुनाफा कमाया। इसके बाद कंपनी के प्रबंधन ने रजिस्टर्ड ऑफिस कनार्टक से तमिलनाडु शिफ्ट किया। कंपनी ने उत्तराखंड के रुड़की में एक नया संयंत्र स्थापित किया है, जहाँ वह बिजली से चलनेवाले किचन अप्लायंसेज और स्टोव बनाती है। बेंगलुरु की इस कंपनी का यह सातवां संयंत्र है। कंपनी भारत के अलावा अमेरिका, यूरोप, दक्षिण अफ्रीका, केन्या, ऑस्ट्रेलिया, सिंगापुर, मध्य-पूर्व, श्रीलंका और कई अन्य देशों में भी अपने उत्पाद निर्यात कर रही है।

* देश में हर 30 सेकंड में एक प्रेस्टीज कुकर बिकता है और हर पाँचवाँ सेकंड प्रेस्टीज का एक प्रोडक्ट।
* प्रेस्टीज हर साल अपने खाते में 30 लाख नए ग्राहक जोड़ रही है, जो इंडस्ट्री का एक कीर्तिमान है।

That is sales

If the circus is coming to town and you paint a sign saying "Circus Coming" to the Fairground Saturday. Tnat is an adverticing.
If you put the sign on the back of an elephant and walk it into town. That is a promotion.
If the elephant walks through the mayor's flower bed. That is a publicity.
And if you get the mayor to laugh about . That is public relations.
If the town's citizens go the circus, you show them the many entertainment booths, explain how much fun they will have spending money at the booths, answer their questions and ultimately, they spread a lot of money at the circus. That is sales.

FEVICOL

फेविकोल

बेजोड़ जोड़ फेविकोल

अच्छा और मजबूत जोड़ इनसानी रिश्तों के लिए ही नहीं, हमारे इस्तेमाल में आनेवाली अनेक भौतिक चीजों के लिए भी जरूरी है। घर, ऑफिस या इंडस्ट्री में कहीं भी जब मजबूत और बेजोड़ जोड़ की बात आती है तो एक ही नाम याद आता है फेविकोल का। भारत में जनमा और दुनिया के 54 देशों में फल-फूल रहा यह ऐसा ब्रांड है, जो बाजार में बिना किसी समझौते के बिकता है। सन् 2009 में अपनी 50वीं वर्षगाँठ मना चुके इस ब्रांड पर सारे देश

FEVICOL Fevicol logo of two elephants trying to pull apart a piece of wood stuck by fevicol will always remain eponymous to an adhesive which binds for life. Famous ad agency O&M has played a crucial role for almost 40 years in building the brand. It was O&M, which suggested the Elephant logo be introduced above the Fevicol brand. Blue and white combination of Fevicol brand is unique colour scheme like famous cosmetic Nivea brand. Elephant pulling a joint vacuum ball indicates the strength of Fevicol made bond. The earlier fevicol logo used to show, elephants trying to tear off a ball sealed with fevicol. A man moves around saying "lagao lagao aur jor lagao, yeh fevicol ka majbut jod hai tutega nahi. Furniture ka saathi, jiski nishani hai haathi. The man was today's famous Bollywood director Rajkumar Hirani.

को गर्व है। कारपेंटर तो इसे करिश्मा मानते हैं और पूरे विश्वास के साथ उपयोग करते हैं।

ब्रांड लॉयलिस्ट की उम्मीदों पर 100 फीसदी खरा

एम.बी.ए. की पढ़ाई में मार्केटिंग व प्रोडक्ट ब्रांडिंग से जुड़े दो खास शब्द हैं – 'ब्रांड लॉयलिस्ट' यानी किसी ब्रांड के प्रति वफादार उपभोक्ता और 'ब्रांड स्विचर' यानी जल्दी-जल्दी ब्रांड बदलनेवाले उपभोक्ता। इस लिहाज से देखें तो हम भारतीय उपभोक्ता 'ब्रांड लॉयलिस्ट' हैं। हम हर उस ब्रांड से चिपके रहते हैं जो हमारी उम्मीदों पर 100 फीसदी खरे उतरते हैं। इसके कुछ खास उदाहरणों में से एक है, फेविकोल ब्रांड। पिडिलाइट इंडस्ट्रीज लिमिटेड के इस फ्लैगशिप प्रोडक्ट ने हमारे देश की ग्लू इंडस्ट्री (गोंद उद्योग) को विश्व में अव्वल दर्जा दिलवाया है। आज फेविकोल द्वारा बनाई जानेवाली चीजें घर के खिड़की दरवाजों को फिट करने, टपकती छतों को सुधारने, लिफाफे, कागज चिपकाने से लेकर चित्रकारी की दुनिया में रमनेवाले लोगों की पहली पसंद बनी हुई है। फेविकोल भारतीय लोगों के मन मस्तिष्क में ऐसे ही चिपका हुआ है, जैसे इससे जुड़नेवाला जोड़।

युवा उद्यमी की पीड़ा से जनमी पिडिलाइट

पिछली सदी के '60 के दशक में आजादी का जश्न मना चुका हमारा देश अपने पैरों पर खड़े होने की तैयारी में था। नए-नए उद्योग स्थापित हो रहे थे और भारतीय उद्यमी उन सभी चीजों को अपने देश में बनाने में जुटे थे, जो अब तक विदेशों से आयात की जाती थी। उन्हीं दिनों एक युवा उद्यमी बी.के. पारेख ने लकड़ी के कारीगरों को जोड़ बैठाने में होनेवाली मुश्किलों को समझा। फेविकोल से पहले कारीगर जानवरों की चरबी से बननेवाली सरेश को एक पारंपरिक गोंद की तरह उपयोग में लाते थे। सरेश को उपयोग में लाने से पहले उबालना पड़ता था और ऐसा करते समय असहनीय दुर्गंध का सामना करना पड़ता था। गहन शोध अनुसंधान और हौसले के साथ वे इस निष्कर्ष पर पहुँचे

कि कुदरती गोंद के बजाग सिंथेटिक रसायन से कोई रास्ता निकल सकता है। फेविकोल के निर्माण के साथ उनकी खोज को एक विराम मिला और पिडिलाइट इंडस्ट्रीज जनमी। सन् 1959 में पिडिलाइट इंडस्ट्रीज लिमिटेड ने एक सफेद, गाढ़े और एरोमेटिक सुगंधवाले गोंद के साथ बाजार में प्रवेश किया। कंपनी ने शुरुआत में यह प्रोडक्ट सिर्फ कारपेंटरों के लिए पेश किया था। फेविकोल ने न केवल उनकी परेशानी दूर की, बल्कि उन कारीगरों के काम को बेहद आसान और मजबूत बना दिया।

नहीं चली नीले रंग की बोतल, चला सफेद जादू

रसायन की भाषा में समझें तो फेविकोल एक सिंथेटिक रेजिन (कृत्रिम राल) है। इसकी खासियत है कि यह आसानी से लगभग हर तरह की सतह पर फैलता है और उसे मजबूती से किसी और सतह या वस्तु के साथ जोड़ देता है। इस काम में न हाथ खराब होते हैं, न दुर्गंध फैलती है और न ही किसी खास तरह की विशेषज्ञता की जरूरत होती है। लकड़ी, प्लायवुड, विनियर, हर तरह के वुडन बोर्ड, किताबें, कागज से बनी सजावटी चीजें, हैंडीक्राफ्ट का सामान आदि को जोड़ने में फेविकोल का कोई मुकाबला नहीं। फेविकोल का जोड़ 8 से 10 घंटे में पक्का हो जाता है और यदि 24 घंटे तक बिना छेड़छाड़ इंतजार कर लिया जाए तो फिर उस जोड़ की उम्र की लंबी गारंटी दी जा सकती है। फेविकोल की खूबियों ने कारीगरों को संतुष्ट करने के साथ उन्हें अपना ब्रांड एंबेसडर बना दिया। कारीगरों की मॉउथ पब्लिसिटी से फेविकोल घर, दफ्तर और उद्योगों तक पहुँचाया है। पिडिलाइट के संस्थापक बी.के. पारेख कहते हैं कि हम इस क्षेत्र में एकदम नए थे, लेकिन अपने अच्छे प्रोडक्ट के कारण हम

पथ-प्रदर्शक बने। बेहतरीन क्वालिटी, सघन डिस्ट्रिब्यूशन नेटवर्क, कस्टमर रिलेशन और दिल को छू जानेवाले विज्ञापनों के जरिए पिडिलाइट ने फेविकोल को हर खासो-आम की जरूरत बना दिया है। '70 के दशक में पिडिलाइट ने एक बड़े मार्केटिंग बदलाव के तहत फेविकोल को 30 ग्राम के ट्यूब में पेश किया और इसी के साथ यह हर उस ग्राहक तक पहुँच गया, जो पारंपरिक गोंद से परेशान थे। स्कूल, कॉलेज, ऑफिस और हर उस जगह फेविकोल की धूम मच गई जहाँ अब तक नीले रंग की गोंद की बोतल का कब्जा था। कंपनी के कार्यकारी निदेशक अपूर्व पारेख बताते हैं कि हम फेविकोल को सिर्फ कारपेंटर ब्रांड नहीं बनने देना चाहते थे, इसीलिए हमने मार्केटिंग व प्रमोशन पर पूरा ध्यान दिया। हमने फेविकोल की ब्रांड इमेज इनसानी रिश्तों के साथ और उसके रोजमर्रा के कामों व जरूरतों के साथ जोड़कर इसे 'ऑल-परपज एडेसिव' के रूप में पेश किया।

फेविकोल नहीं दोगे तो ग्राहक गुस्सा करेगा

बिलकुल सही कह रहे हैं अपूर्व, आज देश के 50 हजार स्टोर्स और लाखों दुकानों पर फेविकोल अपने नाम व काम से बिकता है। दिलचस्प बात यह है कि जब कोई दुकानदार फेविकोल की जगह कोई दूसरा एडेसिव देने की कोशिश करता है तो, उसे कई अवसर पर ग्राहक का गुस्सा भी झेलना पड़ता है। आज यह ब्रांड फेविक्विक, फेविस्टिक, फेविक्रिल, फेविबांड जैसे कई वर्जन में अलग-अलग जरूरतों के लिए भी उपलब्ध है। पिडिलाइट ने फेवीकोल के साथ एडेसिव, सीलेंट, कंस्ट्रक्शन, आर्ट मैटेरियल, रेजिन और ऑर्गेनिक पिगमेंट जैसे क्षेत्रों में अपनी श्रेष्ठता सिद्ध की है। इसके पीछे एक ही मूल मंत्र

है—ग्राहक संतुष्टि यानी कस्टमर सेटिस्फेक्शन। इस अकेली कंपनी ने देशवासियों को इतने उपयोगी प्रोडक्ट दिए हैं कि उनके नाम से एक बड़ा नॉन-ब्रांडेड मार्केट बन गया है। इकोनॉमिक टाइम्स के अनुसार भारत की 500 टॉप लिस्टेड कंपनियों में पिडिलाइट का स्थान 131वाँ है। दुनिया भर के 50 से ज्यादा देशों में 13 विदेशी इकाइयोंवाली पिडिलाइट को 'इंडियन एम.एन.सी.' कहना गलत नहीं होगा। आज पिडिलाइट की अमेरिका, ब्राजील, थाईलैंड, सिंगापुर और दुबई स्थित इकाइयों के जरिए दुनिया भर में धाक जमा रही है।

50 साल का हुआ न टूटनेवाला जोड़

फेविकोल के न टूटनेवाले जोड़ ने 50 साल ही पूरे नहीं किए, बल्कि देश के घर-घर से लेकर लोक संस्कृति और मनोरंजन के सशक्त माध्यम फिल्मों तक में अपने आपको एक न टूटनेवाले जोड़ के रूप में स्थापित किया है। पिछले वर्ष फेविकोल ने अपने ब्रांड के 50 साल पूरे होने पर मुंबई के जुहू स्थित पीवीआर में एक शानदार आयोजन किया। इस मौके पर नई विज्ञापन फिल्म मूँछोंवाली लड़की के प्रदर्शन के साथ फेविकोल के अतीत की शानदार झाँकी प्रस्तुत कर फेविकोल से जुड़ी तमाम भूली बिसरी यादें ताजा कर दीं। इस फिल्म ने मौजूद सभी मेहमानों की जबरदस्त दाद बटोरी। इस फिल्म को कान के प्रतिष्ठित फिल्म समारोह में भारत के प्रतिनिधि के रूप में दिखाया गया। यह शायद पहला मौका है कि किसी कंपनी के ब्रांड के प्रचार के लिए बनी फिल्म किसी अंतरराष्ट्रीय फिल्म समारोह में शामिल की गई।

शायद बहुत कम लोगों को मालूम होगा कि '80 के दशक में टी.वी. पर दिखाए जानेवाले एक विज्ञापन, जिसमें मूँछोंवाला एक युवक फेविकोल का जोड़ है, टूटेगा नहीं कहकर बड़े आश्वस्त भाव से फेविकोल के बेजोड़ जोड़ पर भरोसा जताता है, वह युवक और कोई नहीं राजकुमार हीरानी है, जिसे आज हम मुन्ना भाई एमबीबीएस फिल्म के निर्माता-निर्देशक के रूप में जानते हैं।

फेविकोल ने भारतीय कॉर्पोरेट जगत् से लेकर विज्ञापन की दुनिया में एक इतिहास बनाया है। फेविकोल ने एक ब्रांड के रूप में पहचान ही नहीं बनाई

है, बल्कि घर-घर में यह एक 'बेजोड़ जोड़' पंचलाइन के रूप में भी प्रयोग होने लगा है। दुनिया के या भारत के किसी भी उत्पाद ने शायद ही अपनी ऐसी पहचान कायम की हो कि उत्पाद का ब्रांड नाम रोमांस करनेवाले युवा प्रेमियों से लेकर कुरसी की जोड़-तोड़ में लगे नेताओं तक के लिए प्रयोग किया जाए। यह श्रेय केवल फेविकोल को ही दिया जा सकता है कि यह ब्रांड ऊँची रसूखदार कॉर्पोरेट पार्टियों से लेकर गाँव की चौपाल तक होनेवाली गपशप में हर बात के साथ एक अलग अर्थवाले मुहावरे के रूप में प्रयुक्त किया जाता है।

> अमीर बनने से मुश्किल है यह सोच कि कैसे बनें अमीर। जब आलुओं को बेचा जाता है तो उन्हें अलग-अलग छाँटा जाता है—बड़े, मध्यम और छोटे, ताकि उनका अधिकतम दाम पाया जा सके। एक किसान ने कभी आलू नहीं छाँटे, लेकिन फिर भी सबसे ज्यादा पैसे कमाए। एक बार उससे पूछा गया कि ऐसे कैसे हुआ, तो उसने कहा—यह बहुत आसान है। मैं गाड़ी में आलू भर लेता हूँ और मंडी जाने वाली सबसे खराब सड़क पर चल देता हूँ। आठ मील के इस रास्ते में सबसे छोटे आलू सबसे नीचे, मध्यम आकारवाले आलू बीच में और सबसे बड़े आलू सबसे ऊपर आ जाते हैं। अमीर बनना जितना मुश्किल नहीं है, उससे ज्यादा मुश्किल है यह सोचना कि कैसे बनें अमीर।

बाबा रामदेव

द ग्रेट मार्केटियर

ब्रांड लोकल हो या ग्लोबल—सामान्यतः उसकी सफलता उत्पाद की गुणवत्ता पर निर्भर करती है; पर यदि उत्पाद के साथ प्रतिष्ठित ब्रांडनेम जुड़ा हो तो ग्राहक गुणवत्ता परखने के पहले ही उत्पाद लपक लेते हैं। बाबा रामदेव भारत की पुरातन योग विधा की नई पहचान बनने के साथ दिव्य फार्मेसी, हरिद्वार की आयुर्वेद व हर्बल औषधियों की गुणवत्ता के ऐसे ही पुख्ता प्रमाण, यानी एक प्रतिष्ठित ब्रांडनेम बन गए हैं। दिव्य फार्मेसी सालाना करीब 300 करोड़ रुपयों की हर्बल औषधियाँ बेच रही है। हालाँकि आधुनिक चिकित्सा वैज्ञानिकों के अनुसार ये ही नहीं, सारी हर्बल औषधियों से फायदे के सारे दावे संदेहास्पद हैं, क्योंकि इनकी क्लिनिकल ट्रायल नहीं हुई है। मॉडर्न मैनेजमेंट की भाषा में कहें तो बाबा रामदेव ऐसे ग्रेट मार्केटियर हैं, जिन्होंने

पौराणिक मान्यता के अनुसार 10 लाख साल पहले आयुर्वेद के जनक चरक ने करीब 36 हजार औषधियों की खोज की थी। सवाल उठता है कि एक व्यक्ति कितनी जड़ी-बूटियों की कैसे पहचान और परीक्षण कर सकता है। संभवतः चरक किसी व्यक्ति का नाम नहीं था, बल्कि शोध-अनुसंधानकर्ता, विद्वानों का सर्वनाम था। इस नाम के कई लोग रहे होंगे, जिन्होंने हजारों जड़ी-बूटियों को पहचाना और उनकी उपयोगिता जन-जन तक पहुँचाई। तदनुसार बाबा रामदेव हमारे युग के चरक हैं, जिन्होंने योग के बहाने आयुर्वेदिक औषधियों और जड़ी-बूटियों को जन-जन तक पहुँचाया है।

दिव्य फार्मेसी के उत्पादों को वैसे ही प्रमोट किया है जैसे कभी महात्मा गांधी ने गुलाम भारतीयों में स्वतंत्रता की चाह जगाई थी।

याद करें, देश को आजादी दिलवाने के संकल्प के साथ मोहनदास करमचंद गांधी जब स्वदेश लौटे थे, तब भारतीयों के मन में आजादी की चाह जगाना एक बड़ी चुनौती थी। सदियों की गुलामी ने 35 करोड़ भारतीयों (तब) को इतना निस्तेज कर दिया था कि वे फिरंगियों के विरुद्ध सोचने से भी डरते थे।

ब्रांडेड शर्ट-ट्राउजर्स पहनकर मार्केट सर्वे करनेवाले युवा मार्केटियर्स ध्यान दें कि गांधीजी ने सबसे पहले सूट-बूट उतारे तथा धोती पहनी, लाठी थामी, ताकि वे उनके जैसे दिखें जिनसे उन्हें जुड़ना है। लक्जरी यात्रा का मोह त्यागा और रेल की तृतीय श्रेणी में सारे देश का भ्रमण किया, ताकि उन लोगों को नजदीक से देख सकें, जिन्हें उन्हें आजादी के आंदोलन से जोड़ना है। जमीन से जुड़े इस दिलचस्प सर्वे के दौरान ही गांधीजी ने देखा कि लोग 'महात्मा संत' से सम्मोहित हैं तो वे भी बन गए—महात्मा गांधी। परिणाम! महात्मा गांधी देखते-देखते आजादी की चाह के उत्प्रेरक बन गए। एक कालजयी मार्केटियर की हैसियत से उनकी सबसे बड़ी सफलता है—आजादी का ऐसा संकल्प लोगों के मन में दृढ़ता के साथ स्थापित कर देना, (बेच देना) जिसे पाने के लिए लाखों लोगों को मिली जेल की अँधेरी कोठरी, लाठी और गोली।

ध्यान दें कि बाबा रामदेव ने भी प्रकारांतर में यही करिश्मा दोहराया है। उन्होंने संन्यासी वेशभूषा नहीं त्यागी और योग गुरु की अपनी पहचान बनाई। इसके बाद ही योग के साथ या कहें कि योग के बहाने दिव्य फार्मेसी को दस वर्षों में सौ साल पुरानी डाबर या वैद्यनाथ जैसी कंपनियों के लिए चुनौती बना दिया। यही नहीं, अपनी ब्रांड लायल्टी इतनी पुख्ता कर ली है कि वे अब

राजनीति को पाक-साफ करने का दावा करते हैं तो लोग मखौल नहीं उड़ाते, भरोसा कर लेते हैं। आइए, जानें कैसे बने बाबा रामदेव एक प्रतिष्ठित ब्रांड।

हरियाणा के महेंद्रगढ़ जिले के एक निर्धन किसान परिवार में जनमे रामकिशन यादव ने आठवीं कक्षा तक ग्रामीण स्कूल में पढ़ाई करने के बाद खानपुर के एक गुरुकुल में योग व संस्कृत सीखी। बाल्यकाल में उन्हें लकवा हो गया, पर योग ने उन्हें विकलांगता से बचा लिया। गुरुकुल छोड़ते समय रामकिशन यादव संन्यासी बन गए तो उन्हें नया नाम मिला 'बाबा रामदेव'। वे कई वर्षों तक हिमालय में भटके। सन् 1995 में हरिद्वार में आचार्य कर्मवीर व आचार्य बालकृष्ण के साथ उन्होंने दिव्य योग मंदिर ट्रस्ट स्थापित किया, जहाँ वे योग प्रशिक्षण देने लगे। जी जागरण के टी.वी. प्रोग्राम 'ओम योग साधना' ने उन्हें जन-जन तक पहुँचाया। योग गुरु के रूप में भी बाबा रामदेव ने सबसे अलग पहल की। उनके पहले योग शिक्षक योग-आसन पर जोर देते थे, पर उन्होंने प्राणायाम और युक्त आहार (उचित खान-पान) को महत्त्व दिया। यही नहीं, इस ग्रेट मार्केटियर ने उन सामान्य रोगों पर फोकस किया, जिनसे सबसे ज्यादा लोग पीड़ित हैं। जैसे—रक्तचाप, हृदय रोग, मधुमेह, मोटापा, कब्ज, गैस, स्पोंडलाइटिस आदि। खुले मैदान में 20-20 हजार लोगों को तो टी.वी. चैनल्स पर लाखों लोगों को बाबा रामदेव ने योग सिखाया। एक आकलन के अनुसार बाबा रामदेव से 8 करोड़ से ज्यादा लोगों ने योग सीखा है। अध्यात्म गुरु श्री श्री रविशंकर सही कहते हैं कि पुरातन योग विधा को अपनी जनमभूमि पर पुनर्जीवित करने के साथ सारी दुनिया में पहुँचानेवाले शख्स हैं बाबा रामदेव।

ध्यान दें कि बाबा रामदेव ने कभी अपनी योग कक्षाओं में दिव्य फार्मेसी की औषधियों को सीधे प्रमोट नहीं किया, बल्कि लोगों को जड़ी-बूटियों के केवल गुण-धर्म बताए। दिव्य फार्मेसी की औषधियों के नामकरण में भी उनकी ऐसी ही मार्केटिंग सूझ-बूझ समाई हुई है। एक बानगी देखिए—किडनी रोगों के लिए दिव्य किडनी स्टोन, तनाव-मुक्ति के लिए दिव्य अश्वगंधा, कब्ज से राहत के लिए दिव्य चूर्ण, हृदय रोग के उपचार के लिए दिव्य

हृदयमृतावटी, स्किन व पिंपल्स के लिए दिव्य कायाकल्प, मधुमेह के लिए दिव्य मधुनाशिनी, रक्तचाप के लिए दिव्य मुक्तावटी…। यह सूची बहुत लंबी है। इन सबसे ज्यादा दिलचस्प बात यह है कि बाबा रामदेव की सारी औषधियों को उनके आलोचकों ने प्रमोट किया है। बाबा ने सॉफ्ट ड्रिंक्स को मानव स्वास्थ्य के प्रतिकूल बताया और उन्हें टॉयलेट क्लीनर कहा तो इनकी निर्माता कंपनियों ने उन्हें आड़े हाथों लिया, जिससे बाबा रामदेव को खूब प्रचार-प्रसार मिला। सन् 2006 में कम्युनिस्ट पार्टी की वृंदा करात ने आरोप लगाया कि दिव्य योग मंदिर ट्रस्ट फार्मेसी की कथित हर्बल औषधियों में मनुष्य व पशुओं की हड्डियों का चूर्ण मिलाया जाता है। भारत सरकार द्वारा मान्यता प्राप्त श्रीराम इंस्टीट्यूट ऑफ इंडस्ट्रियल रिसर्च, दिल्ली ने परीक्षण के बाद इन औषधियों को क्लीन चिट दी तो उनकी बिक्री रातोरात कई गुना बढ़ गई।

चाहे जो हो, महात्मा गांधी हों या बाबा रामदेव, इनका (मार्केटिंग) मंत्र है— सोच बेचो, पर इसके पहले स्वयं वैसे बनो (या दिखो), जो आपका 'लक्ष्य' है। देश को आजादी दिलाने के लिए महात्मा गांधी ने यही किया और निस्तेज भारतीयों को अपना अस्तित्व दाँव पर लगाने को तैयार कर दिया। उनके इसी मंत्र पर चलते हुए बाबा रामदेव ने पहले योग की रोग-निवारक क्षमता जन-जन तक पहुँचाई, अपना संन्यासी रहन-सहन नहीं बदला और इसके बाद ही लोगों को औषधियाँ सौंपीं (बेची)। परिणाम! वे स्वयं एक प्रतिष्ठित व विश्वसनीय ब्रांड बन गए। ऐसे लाइव ब्रांड, जिसके लॉयलिस्ट उन्हें स्कॉटलैंट में 700 करोड़ रुपए का आइसलैंड, होस्टन में 95 एकड़ भूखंड सौंप देते हैं। हरिद्वार में बाबा रामदेव 500 करोड़ रुपए लागत का फूड पार्क स्थापित करते हैं, तो उनके अनुयायी उनके इस वेंचर में चुटकी बजाते ही 300 करोड़ रुपए निवेश कर देते हैं। और बाबा रामदेव! वे खुद को आज भी एक संन्यासी, एक योग गुरु मानते हैं; जबकि सारा देश जानता है कि वे ऐसे नवोदित उद्यमी हैं, जो मात्र एक दशक में शून्य से शिखर पर पहुँचे हैं। दिव्य फार्मेसी सालाना करोड़ों रुपए का कारोबार कर रही है तो बाबा रामदेव की ब्रांड वैल्यू भी करोड़ रुपए है; पर 13 हजार से अधिक लोगों को रोजगार देनेवाले बाबा रामदेव कहते

हैं—मैं तो ऐसा संन्यासी हूँ, जो 13 साल से केवल फलाहार पर जिंदा है। अब तो आप भी मानेंगे कि बाबा रामदेव ऐसे ग्रेट मार्केटियर हैं, जिन्होंने दुनिया के दिग्गज मैनेजमेंट गुरुओं को भी कई नए सबक सिखाए हैं।

चलते दस हैं, पहुँचता एक है

एक नए आश्रम की स्थापना के लिए वहाँ के महंत ने पुराने आश्रम से एक ब्रह्मचारी बुलवाया। पुराने आश्रम ने दस ब्रह्मचारियों को रवाना कर दिया। सबको आश्चर्य हुआ कि बुलवाया एक था, दस क्यों भेजे? छह महीने बाद नए आश्रम से जानकारी आई कि जो एक ब्रह्मचारी बुलवाया गया था, वह पहुँच गया है। सबको आश्चर्य हुआ—दस भेजे थे, एक ही पहुँचा। खोज की गई तो पता चला कि दस की रवानगी के अगले दिन एक अन्य राज्य के मंत्री ने उनसे कहा—हमारे राजा का निधन हो गया है, राजज्योतिषी ने बताया है कि सीमा पर जो पहला व्यक्ति नजर आए, उसे राजा बनाना। उन दस में से एक ने सोचा, क्या बुराई है, वह रुक गया। अगले दिन दूसरे राज्य के मंत्री ने कहा—हमारे राजा की एक ही पुत्री है, ज्योतिषियों ने बताया है कि सीमा पर जो पहला व्यक्ति आए, उसका राजकुमारी से विवाह करें। एक ब्रह्मचारी वहीं रुक गया। शेष बचे और आगे बढ़े। पर मार्ग में ऐसे प्रस्ताव आते रहे और अंत में पहुँचा एक ही ब्रह्मचारी। इसके बाद यह कहावत जनमी—'चलते दस हैं, पहुँचता एक है।'